나만의
글쓰기를 위한

국어사전
일일공부

나만의 글쓰기를 위한
국어사전 일일공부

초판 1쇄 발행 2024년 5월 27일

지은이 | 김흥식

펴낸곳 | (주)태학사
등록 | 제406-2020-000008호
주소 | 경기도 파주시 광인사길 217
전화 | 031-955-7580
전송 | 031-955-0910
전자우편 | thspub@daum.net
홈페이지 | www.thaehaksa.com

편집 | 조윤형 여미숙 김태훈
마케팅 | 김일신
경영지원 | 김영지

값 17,000원

ISBN 979-11-6810-258-3 (03700)

책임편집 | 조윤형
표지디자인 | 이윤경
본문디자인 | 김현주

나만의
글쓰기를
위한

김홍식 지음

국어사전
일일공부

태학사

머리말

우리가 쓰는 말은 우리 사람됨, 삶, 행동을 가리킨다. 우리가 쓰는 글은 우리 역사(歷史), 사고(思考), 철학(哲學)을 가리킨다. 그래서 인간은 말로 드러나고, 인간이 만든 문명은 글로 드러난다. 언어(言語)가 곧 인간이요, 겨레며, 인류인 까닭이다.

오늘날은 글과 말의 시대다.

수만 년 인류 역사에서, 글을 기록하기 시작한 지는 고작 수천 년밖에 안 되었다. 모든 사람이 당연한 것으로 여기는 '종이에 글을 기록하는 행위'의 역사는 아무리 길어도 2천 년을 넘지 못한다. 그러나 오늘을 사는 우리는 이리 귀한 행위를 당연한 것으로 여긴다. 당연한 것으로 여기는 까닭에 귀하게 여기지 않는다. 마치 누구나 숨 쉴 수 있어 산소를 귀히 여기지 않는 것처럼.

그러나 물이 귀해지면서 '돈을 물 쓰듯 쓰는 시대'가 지나갔듯, 글을 마구 쓰는 시대도 곧 지나갈 것이다. 마구 써 대는 글은 사람 대신 AI라는 기계가 대신할 테니 말이다.

그러다 보면 이내 진짜 글을 쓰는 사람만이 남을 것이다. 진짜 글!

글은 누구나 쓸 수 있다. 그러나 진짜 글을 쓰기 위해서는 한 단어 한 단어, 한 문장 한 문장에 담긴 뜻을 제대로 알아야 한다.

불과 수십 년 전만 해도 전문적으로 글을 쓰고자 마음먹은 사람은 국어사전을 곁에 끼고 처음부터 끝까지 읽는 노력 정도는 당연히 기울였다. '읽는 노력'이 아니라 '쓰는 노력'을 기울인 사람도 많다. 아니, '외우는 노력'을 기울인 사람도 흔했다.

그러나 오늘날 많은 사람들은 사전을 찾아보고 좋은 글을 읽어 보기 이전에 원고지, 아니 컴퓨터 자판부터 두드리기 시작한다. 씨앗을 심고 거름을 주고 김을 매고 물을 대는 행동은 무시한 채 수확부터 하겠다는 마음이다.

그런 마음에서 좋은 문장이 나온다면 얼마나 좋겠는가. 그러나 그런 일은 결코 없다. 우리말의 고갱이를 모른 채 어찌 우리말로 세상을 표현한단 말인가. 우리말의 길을 걷지 않으면서 어찌 우리 글을 쓸 수 있겠는가.

이 책은 '국어사전'에 담긴 우리말의 고갱이와 길을 안내한다. '국어사전'은 가나다순으로 모든 단어를 설명하고 있어 우리말이 담고 있는 깊이를 이해하기 어렵다. 그래서 우리말의 다양한 맛을 전하기 위해 관계 맺고 있는 여러 단어, 표현을 입체적으로 재구성했다.

그 과정에서 단어 외에 관용구, 속담 등도 두루 살펴보았다.

이 책에 나오는 모든 설명은 국립국어원에서 제공하는 《표준국어대사전》을 중심으로 삼았다. 그 외에 다양한 국어사전, 속담대사전 등도 사용했는데, 이때는 어떤 사전인지 밝혀 두었다.

또 하나, 책 속에서 '우리말'이라고 표기한 것은 한국인이 사용하는 모든 말을 가리킨다. 즉, 외래어나 외국어에 대비한 말로 사용한 셈이다. 반면에 '고유어(固有語)'는 "해당 언어에 본디부터 있던 말이나 그것에 기초하여 새로 만든 말"《표준국어대사전》의 정의)을 뜻한다.

이 책이 자신의 사람됨을 솔직히 표현하려는 이들에게, 자신만의 글을 쓰고자 노력하는 이들에게 작은 보탬이 되기를 바란다.

2024년 4월
저자

차례

알아 두면 쓸데 있는 말

늘 헷갈리는 말

아는 말, 모르던 표현

알고 보면 어렵지 않은 말

한 글자, 여러 가지 뜻

다시 한번 생각해 볼 말

신기한 말, 재미있는 말

○

가시버시

1

'가시내'라는 말은 요즘 잘 쓰지 않는다. 그렇다고 이 말을 모르는 사람도 별로 없을 것이다. 예전에는 자주 썼으니까. 가시내와 함께 쓰이던 단어가 '머스매'다.

- 가시내 : '계집아이'의 방언 (경상, 전라).
- 머스매 : '사내아이'의 방언(강원, 경상, 전라, 충청, 평남).

가시내와 머스매는 모두 방언으로, 각각 어린 여자아이와 어린 남자아이를 가리키는 표현이다. 이 외에 '가시내기'(전남 방언)도 있다.

한편 전라도에서는 '정제가시내'라는 말도 쓰는데, '식모'를 가리키는 방언이다. 식모라는 표현 역시 오늘날에는 거의 쓰지 않는데, 과거를 다룬 문학작품이나 영화 등에는 자주 등장한다. "남의 집에 고용되어 주로 부엌일을 맡아 하는 여자", 즉 오늘날의 '가사도우미'나 '파출부'라고 할 수 있는데, 주인집에서 함께 거주하는 게 특징이다. '정제'는 '부엌'의 방언으로, 어원은 '정주간(鼎廚間)'(부엌과 안방 사이에 벽이 없이 부뚜막에 방바닥을 잇달아 꾸민 부엌)이다. 전라도에서는 부엌칼을 '정제칼'이라고도 한다.

한편 머스매의 표준어는 '머슴애'이다.

- 머슴애 : '머슴아이'의 준말.
- 머슴아이 :
  ① 머슴살이를 하는 아이.
  ② 남자아이를 낮잡아 이르는 말.
  예) 그 집 며느리는 지난번에 머슴아이를 출산했다.

'머슴+아이'가 '머슴애'로 변하고, 그것이 다시 '머스매'로 변한 것으로 보인다.

그런데 가시내에 해당하는 표준어는 보이지 않는다. 하지만 '가시-'라는 표현은 있다.

- 가시- : (일부 명사 앞에 붙어) '아내' 또는 '아내의 친정'이라는 뜻을 더하는 접두사.
  예) 가시아비('장인'의 낮춤말). / 가시집('처가'를 낮잡아 이르는 말).

'가시'는 접두사니까 독립적으로는 쓰이지 않는데, '가시-'가 붙은 표현 가운데 가장 유명한 것이 '가시버시'다.

- 가시버시 : '부부'를 낮잡아 이르는 말.

일상에서는 자주 쓰지 않지만, 문학작품이나 산문 등에서 가끔 등장하기 때문에 아는 사람이 꽤 있다. 다만, 이 말이 순우리말은 맞지만 '낮잡아 이르는 말'임을 주의해서 사용해야 한다. 북한의 평안도, 함경도 일부에서는 가시버시를 '가바시'(방언)라고도 한다.

고라리와 경아리

2

솔직히 말하라면, 나보다 나은 사람보다는 못한 사람을 볼 때 기분이 좋다. '그러면 못쓴다'고 스스로 다그치지만 감정이 그렇다. "사촌이 땅을 사면 배가 아프다"는 속담을 도무지 이해할 수 없다고 말하는 사람이 없는 것은 아니지만, "사촌이 땅을 사면 엔도르핀*이 솟는다"는 속담이 없는 것을 보면 대부분은 배가 아픈 듯하다.

그래서 그런지 못난 사람을 가리키는 고유어 표현이 여럿 있다.

● 고라리 : 어리석고 고집 센 시골 사람을 놀림조로 이르는 말. =시골
고라리.

무시당한 시골 사람들이 가만있을 리 없다.

● 경아리(京아리) : 예전에, 서울 사람을 약고 간사하다고 하여 비속하게
이르던 말.
예) 마음만 먹으면 똑똑하다는 경아리 몇 놈쯤은 단숨에 납청장으로
만드는 재간은 있소.

---

* 일상에서는 '엔돌핀'이라고 하지만, 규범 표기는 '엔도르핀'이다.

서울 사람과 시골 사람이 서로 '고라리'니 '경아리'니 하며 손가락질하는 형국이다.

경아리는 '경(京)+아리'인데, '아리'가 어떤 의미인지는 불분명하지만 좋은 뜻은 아닐 것이다. 그러고 보니 고라리가 혹시 '골+아리'에서 온 것은 아닐까? '골'이 '시골'을 연상시키니 그럴듯한데, 물론 학술적 근거는 없다.

'경아리'에 대한 예문에 나오는 '납청장' 역시 사람을 가리키기도 한다.

- 납청장(納淸場) : 되게 얻어맞거나 눌려서 납작해진 사람이나 물건을 비유적으로 이르는 말. 평안북도 정주의 납청시장에서 만드는 국수는 잘 쳐서 질기다는 데서 유래한다.

되게 얻어맞거나 눌려서 납작해진 사람은 다른 사람의 놀림거리가 되기 십상이다.

그래도 이런 사람보다는 낫다.

- 늦보 : 천하고 더러운 사람.
- 바사기 : 사물에 어두워 아는 것이 없고 똑똑하지 못한 사람을 놀림조로 이르는 말.

'늦보'는 분명 '바보'와 통할 것이다.

'바사기'는 '팔삭(八朔)+이'가 변해서 된 표현이다. '팔삭(八朔)'은 그 자체만으로는 나쁜 뜻이 아니다.

● 팔삭(八朔) : 음력 팔월 초하룻날. 이날 농가에서는 그해 햇곡식을 처음으로 벤다.

그런데 사람을 뜻하는 표현과 어울리면 갑자기 부정적으로 변한다.

● 팔삭둥이(八朔둥이) :

　① 제달을 다 채우지 못하고 여덟 달 만에 태어난 아이. ＝팔삭동.

　② 똑똑하지 못한 사람을 놀림조로 이르는 말.

'팔삭둥이'나 '팔삭동'이나 오늘날에는 아무런 문제가 없다. 인큐베이터에서 자라면 되니까. 그러나 과거에는 어려운 일이었을 것이다. 그래서 이 같은 표현이 생겨난 게 아닐까 싶다.

보자기와 머구리

3

살다 보면 특별히 의문을 품지 않으면서 사용하는 단어들이 꽤 많다. 으레 아는 것이라고 여기거나, 특별한 의문을 품지 않고 받아들이는 사실들 말이다.

그 가운데 하나가 '해녀'일지 모른다.

● 해녀(海女) : 바닷속에 들어가 해삼, 전복, 미역 따위를 따는 것을 직업으로 하는 여자. ≒잠녀, 잠수.

해녀 하면 제주도를 떠올리는 게 일반적인데, 사실 해녀는 전국에 걸쳐 있다. 바닷속에 들어가 다양한 해산물을 따는 여자가 모두 해녀니까.

그렇다면 그런 일을 하는 남자는 없을까? 있을 것이다.

그런데 그런 남자를 가리켜 부르는 호칭은 떠오르지 않는다. 그래서 누군가는 '해남(海男)'이라는 정체불명의 단어를 만들어 쓰기도 한다. 그러나 국어사전에 '해남'은 없다. 있다면 전라남도 해남군을 가리키는 지명이다.

본래 해녀는 '잠녀(潛女, 자맥질할 잠, 여자 여)' 또는 '잠수(潛嫂, 자맥질할 잠, 부인 수)'라고 불렸는데, 일본의 영향을 받아 '해녀'라고 부른다는 이야기가 있다. 그러나 오늘날 모두가 해녀라고 부르면 그냥 해녀라고 불러도 괜찮다. 누군가는 "그건 일본식 한자니까 절대 쓰면 안 돼." 하고 말할지도 모른다. 그러나 모든 언어, 나아가 문화는 서로 영향을 주고받으며 확대, 변모, 발전하는 법이다.

사실 오늘날 사용하는 대부분의 학술 용어는 근대 일본에서 만든 것이다. 그러한 용어는 한자의 본산인 중국에서도 특별한 반감 없이 사용하고 있다. 만일 일본이 만든 언어니까 바꾸어야 한다면 우리 교과서, 학문 용어는 대부분 바꿔야 할 것이다. 이제 우리나라가 다방면에서 일본을 능가하는 수준에 오지 않았는가. 그러니 기존에 사용하던 언어 정도야 너그러이 받아들여도 괜찮을 것이다.

그래도 고유어가 있다면 그걸 쓰는 게 낫다. 그렇다면 해녀에 해당하는 고유어가 있을까?

- 보자기 : 바닷속에 들어가서 조개, 미역 따위의 해산물을 따는 일을 하는 사람. ≒해인(海人).
- 해인(海人) :
  ① 바닷속에 들어가서 조개, 미역 따위의 해산물을 따는 일을 하는 사람. =보자기.
  ② 남자 보자기.

'보자기'를 "물건을 싸서 들고 다닐 수 있도록 네모지게 만든 작은 천"으로만 알고 있던 우리를 놀라게 만드는 단어다.

더욱 놀라운 것은 남자 보자기를 가리켜 '해인(海人)'이라고 부른다는 사실이다. 그러니까 해녀는 여성, 해인은 남성인 반면, 보자기는 해녀와 해인을 통틀어 부르는 셈이다.

다시 '남자 해녀'(?)로 돌아가 보자.

《표준국어대사전》에 '머구리'라는 단어가 있다.

- 머구리 : → 메기.

머구리는 규범 표기가 아니라 생선의 일종인 메기의 잘못된 표현이라는 말이다.
한편 다른 사전에는 이렇게 적혀 있다.

- 머구리 : 개구리의 옛말.(이기문, 《동아새국어사전》)
- 머구리 : '보자기'의 방언(경북).(《고려대 한국어대사전》)

사전마다 '머구리'에 대한 설명이 다양한 것을 알 수 있다. 그중 보자기의 방언인 머구리는 잠수를 뜻하는 일본어 '모구리(もぐり, 潜り)'에서 온 게 분명해 보인다. 한편 수초의 일종인 '개구리밥'을 북한에서 '머구리밥풀'이라고 부르는 점, 그리고 '귀머거리'의 경기도 방언이 '귀머구리'임을 떠올리면, 머구리에 대한 설명이 다양한 것도 이해가 간다.

눈에 띄는 것은 '보자기의 방언'이라는 내용이다. 즉, 경북 지방에서는 보자기를 머구리라고 부른다는 것이다. 그러나 실제로 해녀를 머구리라고 부르는 일은 없고, 해인을 머구리라고 부르는 경우는 있는 듯하다.

마지막으로 단어 하나만 더 살펴

↑ 머구리용 투구. 깊은 바다에 잠수할 때 수압을 이기기 위해 쓰는 투구로, 시야 확보를 위해 앞부분에 유리를 대었다. 뒷부분에는 산소공급기와 연결하는 연결부가 있다.

↑ 최세진이 지은 《훈몽자회》(1613)에 나
오는 개구리를 뜻하는 글자 '蛙(와)'. 뜻이
'머구리'라고 되어 있는데, 요즘 한자 자전
(字典)에는 '개구리 와'로 나온다.

보자.

● 악머구리 : 잘 우는 개구리라는 뜻으
로, '참개구리'를 이르는 말.
예) 악머구리 울어 대는 여름밤. / 악
머구리같이 떠드는 소리.
관용구) 악머구리 끓듯 : 많은 사람이
모여서 시끄럽게 떠드는 모양을 일
컫는 말.

'악머구리'는 '악을 쓰는 개구리'임이 분명한데, 이를 보면 머구리
가 개구리를 뜻했던 것은 분명하다. 16세기 한자 학습서 《훈몽자
회》*에도 '머구리 와'라는 글자가 있다.

---

* 《훈몽자회(訓蒙字會)》는 조선 중종 22년(1527)에 최세진이 지은 한자 학습서다. 3,360
자의 한자를 33항목으로 종류별로 모아서 한글로 음과 뜻을 달았다.

은근짜

4

'은근하다'라는 형용사가 있다.

- 은근하다(慇懃하다) :
  ① 야단스럽지 아니하고 꾸준하다.
  ② 정취가 깊고 그윽하다.
  ③ 행동 따위가 함부로 드러나지 아니하고 은밀하다.
  ④ 겉으로 나타내지는 아니하지만 속으로 생각하는 정도가 깊고 간절하다.

한편 명사 '은근(慇懃, 은근할 은, 은근할 근)'은 "야단스럽지 아니하고 꾸준함"이다.

이렇게 보면 '은근하다'라는 표현은 썩 나빠 보이지 않는다. 그런데 '은근짜'라는 명사에 이르면 뜻이 전혀 달라진다.

- 은근짜(慇懃짜) :
  ① 조선 말기에 나누어 부르던 기생의 등급 중 중간급. 어느 정도 가무를 하고 은근히 매음을 하였다. =이패.
  ② 몰래 몸을 파는 여자를 속되게 이르는 말. ≒은군자.
  ③ 겉보기에는 어리석은 것 같으나 속은 엉큼한 사람을 이르는 말.

은근짜는 뜻이 영 좋지 않은데, 첫 번째 뜻에 나오는 "은근히 매음을 하였다"에서 비롯했기 때문일 것이다.

한편 은근짜가 기생의 중간급이라고 했으니, 분명 상급과 하급도 있을 것이다.

- 일패(一牌) :

  ① 조선 말기에 나누어 부르던 기생의 등급 중 최상급. 관기로서 대부분 남편이 있는 기생이었다.

  ② 노래와 춤과 풍류로 업을 삼던 기생.

- 삼패(三牌) : 조선 말기에 나누어 부르던 기생의 등급 중 최하급. 가무보다는 주로 매음을 하였다.

이로 보아 은근짜가 왜 '이패(二牌)'와 같은 말인지 알 수 있다.

결국 일패 기생은 노래와 춤, 풍류를 팔고, 이패 기생은 때에 따라 풍류를 팔거나 몸을 팔고, 삼패 기생은 주로 몸을 파는 기생이었던 것이다.

또 하나 기억할 것이 있다.

은근짜가 한자어 은군자(隱君子)로부터 비롯되었다는 설인데, '은군자(隱君子, 숨을 은, 군자 군, 사람 자)'의 《표준국어대사전》 첫 번째 뜻은 "재능은 있으나 부귀공명을 구하지 아니하고 세상을 피해 사는 사람"이다. 뜻이 변해도 너무 변한 느낌이다.

'짜'가 들어가는 단어는 무척 많다. 대부분 접미사로 쓰이는데, 가짜, 진짜, 공짜, 괴짜, 날짜는 잘 알려진 것들이다.

- 말짜(末짜) :

① 가장 나쁜 물건.

② 버릇없이 행동하는 사람을 낮잡아 이르는 말.

● 걸짜(傑짜) : 우스꽝스럽거나 유별나서 주목을 끄는 사람.

● 뻥짜 :

① 아주 틀려 버려 소망이 없게 된 일.

② 똑똑하지 못한 사람을 낮잡아 이르는 말.

● 몽짜 : 음흉하고 심술궂게 욕심을 부리는 짓. 또는 그런 사람.

● 재짜(再짜) : 첫째로 손꼽히지 못하는 것.

● 왈짜 : 말이나 행동이 단정하지 못하고 수선스럽고 거친 사람. =왈패.

● 앙짜 :

① 앳되게 점잔을 빼는 짓.

② 깐깐하게 행동하고 몹시 끈덕지게 샘을 내는 짓. 또는 그런 사람.

● 조짜(造짜) : 진짜처럼 만든 가짜 물건.

● 별짜(別짜) :

① 별스럽게 생기거나 별스러운 짓을 하는 사람을 속되게 이르는 말.

② 별스럽게 생긴 물건.

● 정짜(正짜) : 거짓으로 속여 만든 것이 아닌 정당한 물건.

이처럼 매우 다양한데, '-짜'라는 접미사는 《표준국어대사전》에 나오지 않는다. 반드시 그런 것은 아니겠지만 한자어와 함께 쓰인 경우가 많은 것을 보면 사물이나 사람을 가리키는 한자 '자(子)'가 변한 것이 아닐까 싶다. 이를 증명하듯 《고려대 한국어사전》에는 "일부 명사의 어근에 붙어, 그러한 성질을 가진 사물이나 사람의 뜻을 더하는 말"이라고 등재되어 있다.

가리산지리산

5

지리산을 모르는 사람은 없을 것이다. 하지만 우리나라 국립공원 제 1호가 지리산이라는 사실을 아는 사람은 드물 것이다. 지리산보다는 설악산이나 한라산, 제주도 등이 요즘은 더 인기를 끄는 듯하니.

그렇다면 가리산은 아시는가? 이 산은 정말 아는 사람이 드물 것이다. 가리산은 강원도 홍천에서 춘천에 걸쳐 있는데 높이는 1,051미터이다. 이름은 유명하지 않은데 높이는 꽤 된다.

그런데, 도대체 왜 가리산과 지리산이 붙어서 '가리산지리산'이라는 말이 생겼을까? 놀랍게도 이 표현은 사전에 나오는 고유어다.

● 가리산지리산 :
　① 「명사」 이야기나 일이 질서가 없어 갈피를 잡지 못함. =지리산가리산.
　② 「부사」 이야기나 일이 질서가 없어 갈피를 잡지 못하는 모양. =지리산가리산.

명사이자 부사인 '가리산지리산'은 '지리산가리산'과 같은 표현이다.

어쩌다가 가리산지리산이라는 표현이 생겼을까? 모르긴 몰라도 이름이 비슷한 지리산과 가리산을 그 시대 사람들이 헷갈린 데서 나온 표현이 아닐까 싶다.

한편 이와 관련된 동사도 있다.

● 가리산지리산하다 : 이야기나 일이 질서가 없어 갈피를 잡지 못하다.

기억할 것은 '지리산가리산하다'라는 표현은 없다는 사실이다. 그러니 '지리산가리산'보다는 '가리산지리산'을 기억하는 편이 낫다. 그럼 명사, 부사, 동사형이 두루 떠오를 테니까.

가리산이 나온 김에 고유어 하나를 살펴보기로 한다.

● 가리사니 :

① 사물을 판단할 만한 지각(知覺).

② 사물을 분간하여 판단할 수 있는 실마리.

예) 일이 복잡하게 얽히고설키어 가리사니를 잡을 수 없다.

준말) 가리산.

'가리사니'의 준말이 '가리산'인데, 앞서 살펴본 산 이름과는 아무런 관련이 없다.

'가리사니'는 "잘잘못이나 좋은 것과 나쁜 것 따위를 따져서 분간하다"라는 뜻의 동사 '가리다'에서 나온 듯한데, 물론 근거 있는 주장은 아니다.

오그랑

우리말은 그 어느 언어보다 의성어, 의태어가 발달했다고 할 수 있다. 국어사전을 처음부터 끝까지 읽어 본 사람이라면, 저절로 이런 말이 나올 것이다.

"아니, 웬 모양을 나타내는 표현이 이렇게 많아? 이걸 어떻게 기억하고 구분하지?"

맞다. 정말 많다. 그래서 의성어, 의태어의 경우, 표준어가 무엇인지 일일이 기억하기도 어렵다. 텔레비전 퀴즈 프로그램 같은 데서 의성어나 의태어에 관한 문제를 출제하는 경우가 드문 것도 그 때문일 것이다.

> 짜그락짜그락 – 자그락자그락
> 짜드락짜드락 – 자드락자드락
> 찌그럭찌그럭 – 지그럭지그럭
> 찌드럭찌드럭 – 지드럭지드럭

이런 표현들의 뜻 차이를 구분하는 것도 어렵거니와, 규범 표기가 아닌 것을 넣어 둔다고 해서 그걸 찾아내기도 어렵다.

그러니 의성어, 의태어는 상황에 맞추어 어감을 떠올려 적당한 표현을 쓰고, 어휘력이 뛰어난 사람이라면 변형해서 자신만의 표현을 쓴다고 해도 큰 문제가 되지 않을 듯하다. 시인이나 소설가들이 그러하듯.

그러나 소리나 형태를 가리키는 표현이 명사를 만드는 경우는 다르다. 이런 경우에는 분명히 그 뜻을 알아야 한다.

- 오그랑오그랑 : 「부사」 여러 군데가 안쪽으로 오목하게 들어가고 주름이 많이 잡힌 모양.

    준말) 오글오글.

- 오그랑쪼그랑 : 「부사」 여러 군데가 안쪽으로 오목하게 들어가고 주름이 많이 지게 쪼그라진 모양.

    준말) 오글쪼글.

'오그랑오그랑'과 '오그랑쪼그랑'의 뜻 차이는 구분하기 어렵다. 그 외에 '우그렁우그렁'과 그 준말인 '우글우글', '우그렁쭈그렁'과 그 준말인 '우글쭈글'도 있는데, 모두 뜻은 비슷하다.

이때 기본이 되는 표기는 '오그랑'과 '우그렁'이다. 그래서 아래와 같은 명사들이 탄생했다.

- 오그랑바가지 : 덜 여문 박으로 만들어 오그라진 바가지.

    준말) 오그랑박.

- 오그랑벙거지 : 주름이 잡혀 오글쪼글한 벙거지.*

- 오그랑이 :

---

* 조선시대에, 무관이 쓰던 모자의 하나. 붉은 털로 둘레에 끈을 꼬아 두르고 상모(象毛), 옥로(玉鷺) 따위를 달아 장식하였으며, 안쪽은 남색의 운문대단으로 꾸몄다. =전립.

① 안쪽으로 오목하게 들어가거나 주름이 잡힌 물건. =우그렁이.

② 마음씨가 바르지 못한 사람을 비유적으로 이르는 말.

- 오그랑쪽박 :

① 시들어서 쪼그라진 작은 박. =우그렁쪽박.

② 덜 여문 박으로 만들어서 말라 오그라진 쪽박. =우그렁쪽박.

③ 규모나 형세가 형편없이 된 상태를 비유적으로 이르는 말.

위 네 가지 명사 가운데 '오그랑바가지'와 '오그랑벙거지'는 이 표현 한 가지뿐으로, 같은 뜻의 다른 말이 없다. 반면에 '오그랑이'와 '오그랑쪽박'은 각각 '우그렁이'와 '우그렁쪽박'이라는 같은 뜻의 다른 말도 있다.

마지막으로 '오그랑'의 독특한 뜻을 이용해 만든 명사 하나를 살펴보자.

- 오그랑장사 : 이익을 남기지 못하고 밑지는 장사.

예) 사실 해마다 농사를 짓는대야 도조 치르고 구실을 치르고 나면 농사지은 빚은 도리어 물어넣어야 하는 오그랑장사였다.(이기영,《서화》)

준말) 옥장사.

'오그랑'이 쪼그라진 것을 나타내는 까닭에, 이익을 못 남기고 늘 쪼들리는 장사치를 '오그랑장사'라고 부르는 것이다.

난거지든부자, 난부자든거지

7

옷을 분류하는 기준은 여러 가지가 있다. 그 가운데 하나가 '외출할 때 입는 옷'과 '집에서 입는 옷'이다.

요즘은 체면보다 편의가 중요하다고 여겨, 집에서 입는 옷을 입고 외출하는 경우도 흔하다. 그러나 누가 뭐래도 외출할 때 입는 옷과 집에서 입는 옷은 구분할 수 있다.

예전에도 그랬다.

- 난벌 : 나들이할 때 착용하는 옷이나 신발 따위를 통틀어 이르는 말.

  ≒나들잇벌, 출입벌.

  반대말) 든벌.
- 든벌 : 집 안에서만 입는 옷이나 신는 신발 따위를 통틀어 이르는 말.

  반대말) 난벌.

이때 '벌'은 옷이나 그릇 등을 가리키는 명사 또는 그것을 셀 때 쓰는 의존명사다.

- 벌 :

  ① 「명사」 옷이나 그릇 따위가 두 개 또는 여러 개 모여 갖추는 덩어리.

예) 옷을 벌로 맞추다.

② 「의존 명사」

[1] 옷을 세는 단위.

예) 두루마기 한 벌. / 드레스 두 벌.

[2] 옷이나 그릇 따위가 두 개 또는 여러 개 모여 갖추는 덩어리를
세는 단위.

예) 바지저고리 한 벌. / 반상기 세 벌.

세상이 복잡해짐에 따라 언어 역시 복잡해지는 게 당연한데, 우리
사회에서는 갈수록 언어를 단순히 사용하는 경향이 있다. 복잡한 표
현을 모르거나, 귀찮아서 그럴 것이다. '참, 매우, 몹시, 대단히, 무
척, 정말' 같은 다양한 부사 대부분은 사라지고 '너무'가 그 자리를
대신하는 게 대표적이다.

그런데도 옷을 '한 개, 두 개…'라고 하지는 않는다. 그만큼 '벌'은
자주 사용한다. 반면 그릇을 '벌'이라고 하는 사람은 찾아보기 힘들
다. 그릇에 의존명사 '벌'을 써야 할 때 오늘날의 한국인 대부분은
'세트'라고 한다.

"영국 그릇 한 세트를 샀어."라고 하지, "영국 그릇 한 벌을 샀
어."라고 하는 사람은 21세기에 접어들어서는 보기 힘들다. 물론 할
머니, 할아버지께서는 지금도 그렇게 쓰실 것이다. 그러니 그분들
돌아가시면 그릇은 '한 벌'이 아니라 '한 세트'로 굳어질 것이다.

여하튼 오늘날 외출복(外出服, 외출할 때 입는 옷)은 '난벌'이고, 집
에서 입는 옷은 '든벌'이다. 그런데 왜 오늘날에는 이를 가리키는 표
현이 없을까? 집복? 집옷? 그런 표현은 없다. 혹시 모든 옷을 입고
외출해도 되기 때문일까? 하기야 속옷 입고 커피 사러 나온 사람 이

야기가 언론에 등장할 정도니까, 그럴 수도 있겠다.

● 난든벌 : 난벌과 든벌을 아울러 이르는 말. ≒든난벌.
예) 난든벌을 갖추다.

'난든벌'은 난벌과 든벌을 아울러 부르는 말이 분명하다. 집에서
도 입고 밖에서도 입을 수 있는 옷을 가리키는 것은 아니다.
'난든'은 '나다+들다'가 모여 태어난 단어라고 할 수 있다.

● 나다 : 밖으로 나오거나 나가다.
예) 든 자리는 몰라도 난 자리는 표가 난다.
● 들다 : 밖에서 속이나 안으로 향해 가거나 오거나 하다.
예) 숲속에 드니 공기가 훨씬 맑았다.

'나다'와 '들다'에는 수많은 뜻이 있지만, '난든'에 쓴 뜻은 위의 것
이다.
'난'과 '든', '난든'이 들어간 표현은 또 있다.

● 난사람 : 남보다 두드러지게 잘난 사람.

'난사람'이라는 표현은 있지만 '든사람'이라는 표현은 없다.

● 든손 :
① 일을 시작한 김.
예) 든손에 일을 끝내다.

② 서슴지 않고 얼른 하는 동작.

  예) 이런 일은 든손으로 해치울 수 있다.

반면에 '든손'은 있지만 '난손'이라는 표현은 없다.

- 난침모(난針母) : 자기 집에 살면서 남의 바느질을 맡아 하는 침모.
- 든침모(든針母) : 남의 집에 들어가 살면서 그 집의 바느질을 맡아 하는 여자.

바느질이 매우 중요했던 시절에는 한 집안의 바느질만 맡아 하던 사람이 있었던 모양이다.

- 난든집 : 손에 익어서 생긴 재주.

'난든집'은 우리가 살아가는 '집'과는 아무런 관계가 없는 표현이다. '난'과 '든'이 들어가는 표현 가운데 가장 기억할 만한 것이 있다.

- 난거지든부자(난거지든富者) : 겉보기에는 거지꼴로 가난하여 보이나 실상은 집안 살림이 넉넉하여 부자인 사람. 또는 그런 형편. ≒ 난가난든부자, 난거지.
- 난부자든거지(난富者든거지) : 겉보기에는 돈 있는 부자처럼 보이나 실제로는 집안 살림이 거지와 다름없이 가난한 사람. 또는 그런 형편. ≒ 난부자, 난부자든가난.

현대사회에서는 찾아보기 힘든 게 '난거지든부자'다. 반면에 '난

부자든거지'는 주위에 숱하다. 겉모습으로 사람을 평가하는 현대사회의 병폐 때문일지도 모르고, 열패감을 감추고자 하는 심리 때문인지도 모르겠지만 썩 좋은 모습은 아니다. 전통사회에도 이런 사람들이 있었다니, 시대 변화 때문이 아니라 사람 품성 때문이 아닐까 싶기도 하다.

한강바지라기

우리나라의 대표적인 음식은 무척 많다.

그 가운데 하나가 칼국수라고 할 수 있는데, 생각보다 오래된 음식인 듯하다.

● 칼국수 : 밀가루 반죽을 방망이로 얇게 밀어서 칼로 가늘게 썰어 만든 국수. 또는 그것을 익힌 음식. ≒도면(刀麵).

'칼국수'의 어원은 다음과 같다.

칼국슈 ← 칼ㅎ+국슈

이 표현이 처음 나타나는 것이 《박통사언해》*라는 책인데, 1677년에 간행되었다. 그러니 칼국수의 역사가 적어도 300~400년은 되었다는 말이다.

칼국수를 어떤 재료와 함께 끓여 먹느냐에 따라 다양한 음식이 가능한데, 서울 명동에는 이름만 대도 대한민국, 나아가 세계적으로

---

* 《박통사(朴通事)》는 《노걸대(老乞大)》와 더불어 우리나라에서 사용하던 중국어 학습서다. 정확히 언제 간행되었는지는 확인할 수 없으나 고려시대 후기부터 사용해 온 것으로 보인다. 《박통사언해(朴通事諺解)》는 《박통사》를 한글로 풀이한 책이다.

많은 관광객이 아는 칼국수 가게가 성업 중이다. 이곳에서는 닭 국물에 돼지고기, 다양한 채소를 넣어 끓인다고 한다.

또 사골(짐승, 특히 소의 네 다리뼈. 주로 몸을 보신하는 데 쓴다)을 끓인 고깃국에 말아 먹는 칼국수, 김칫국에 말아 먹는 칼국수 등이 유명하다.

최근에는 바지락을 수북이 넣고 끓이는 '바지락 칼국수'가 전국적으로 유행이다. 바지락은 조개의 일종인데, 홍합과 함께 가장 값싸고 대중적인 조개류이다.

● 바지락 : 백합과의 조개. 껍데기의 길이는 4cm, 높이는 3cm 정도이며, 맛이 좋아 식용하며, 양식하기도 한다. 민물이 섞이는 바다의 모래펄에 사는데 한국, 일본, 사할린 등지에 분포한다. 늑바지라기, 바지락조개, 바지랑이, 참조개, 합리.

바지락은 매우 흔하고 대중적이어서 그런지 명칭도 다양하다. 바지라기, 바지락조개, 바지랑이, 참조개, 한자어 합리(蛤蜊) 등이 모두 바지락을 가리키는 명칭이다.

한편 오늘날에는 찾아보기 힘들 뿐 아니라 서울 시민들조차 상상도 못 할 텐데, 이런 조개도 있다.

● 한강바지라기 : 바지라깃과의 조개. 모양이 마포바지라기와 비슷한데 우리나라 특산종이다.

한강에서 바지락 비슷한 조개가 나왔다는 말이니, 격세지감을 느끼게 된다.

그렇다면 바지락만큼이나 대중적인 홍합은 어떨까?

- 홍합(紅蛤) : 홍합과의 조개. 껍데기 길이는 13cm, 높이는 6cm 정도 이고 쐐기 모양이며, 겉은 검은 갈색, 안쪽은 진주색이고 살은 붉은빛 을 띤다. 암초에 족사로 붙어 사는데 한국, 일본, 중국 북부 등지에 분 포한다. ≒담채, 담치, 이패, 참담치, 해폐.

바지락과는 달리 '홍합(紅蛤, 붉을 홍, 대합조개 합)'은 한자어다. 홍 합 살이 약간 붉은색을 띠기 때문에 붙은 이름일 것이다.

홍합의 다른 명칭인 '담채(淡菜)' 또는 '담치(淡치)' 역시 순우리말 은 아니다. 그렇다면 홍합의 고유어는 없을까? 비슷한 건 있다.

- 섭 : 홍합과의 조개. 껍데기의 길이는 10cm 정도이고 얇으며, 실 모 양의 분비물로 다른 물체에 붙는다. 식용하고 열대 이외의 전 세계에 분포한다. =털격판담치.

고비, 고비판, 고비샅샅

'고비'라는 단어를 사전에서 찾으면 열 개가 넘는 뜻이 나온다. 대부분은 한자어이고, 우리말은 다음과 같다.

- 고비 :
  ① 일이 되어 가는 과정에서 가장 중요한 단계나 대목. 또는 막다른 절정.
    예) 위험한 고비. / 어려운 고비를 넘기다.
  ② 편지 따위를 꽂아 두는 물건. 종이 따위로 주머니나 상자처럼 만들거나 종이를 '+' 자나 'x' 자 모양으로 오려서 벽에 붙인다.
  ③ 투전이나 화투 따위에서, 일곱 끗을 이르는 말.
  ④ 고빗과의 여러해살이풀.

이 가운데 가장 자주 쓰는 것은 첫 번째 뜻이고, 네 번째 뜻도 '고사리'와 함께 가끔 등장한다. 두 번째와 세 번째 뜻은 오늘날 실제로 쓰는 경우는 없는 듯하다.

그렇다면 다음 단어는 어디서 유래한 것일까?

- 고비판 : 가장 중요한 단계나 대목 가운데에서도 가장 아슬아슬한 때나 형세.

예) 이번 고비판만 넘기면 만사형통이 될 텐데. / 아무래도 두 번 얻지
못할 고비판을 놓친 것만 같다.

- 고빗길 : 힘들고 가파른 길.

'고비판'은 당연히 '고비'의 첫 번째 뜻에서 유래했을 것이다. '고
비=고비판'이라고 해도 크게 틀리지 않을 테니까. '고빗길' 역시 '고
비+길'로, '아슬아슬하고 중요한 길'이라는 뜻을 가질 것이다.
  그런데 다음 단어는 어디서 유래했는지 알 수가 없다.

- 고비늙다 : 지나치게 늙은 데가 있다.

어원을 알 수 없지만, 멋진 우리말은 또 있다.

- 고비샅샅 : 구석구석마다 샅샅이.
- 고빗사위 : 매우 중요한 단계나 대목 가운데서도 가장 아슬아슬한
  순간.

'사위'라는 표현이 들어갔다고 해서, 특별한 사위*를 가리킨다고
여기지는 말 일이다.

---

* 딸의 남편.

가풀막진 또는 반비알진

10

우리말은 다른 언어에 비해 수식어, 즉 형용사나 부사가 매우 다양한 것으로 알려져 있다. 색상을 나타내는 표현, 형태나 상태를 나타내는 표현, 감정을 나타내는 표현이 발달한 것이다.

경사가 급한 지형을 나타내는 표현 가운데도 그런 게 많다.

● 가풀막지다 :
  ① 땅바닥이 가파르게 비탈져 있다.
  ② 눈앞이 아찔하며 어지럽다.
    예) 쪼그려 앉았다 일어설 때 눈앞이 가풀막지는 것이 아무래도 빈혈기가 있는 듯했다.

지형이 매우 비탈지고 가파른 모습을 가리키는 이 표현은 '가풀막'의 형용사형이다.

● 가풀막 : 몹시 가파르게 비탈진 곳.

'가풀막'은 '가파르+막'이 어원이다. 결국 '가풀막'과 '가풀막지다'는 '가파르다'에서 나온 셈이다.

● 가파르다 : 산이나 길이 몹시 기울어져 있다.

생활 속에서는 대부분 '가파르다'를 쓰지만, 우리말 수식어가 발달하여 '가풀막지다'라는 표현이 있듯이 이와 비슷한 뜻을 갖는 다양한 표현이 있다.

　　● 강파르다 : 산이나 길이 몹시 기울어져 있다.

'강파르다'는 "몸이 야위고 파리하다"나 "성질이 까다롭고 괴팍하다", "인정이 메마르고 야박하다" 같은 다양한 뜻도 갖는다.
　그 외에도 기운 모습을 나타내는 표현은 여럿 있는데, 그 가운데는 지형이 기운 모습을 나타내는 표현, 그리고 물체가 기운 모습을 나타내는 표현들이 있다.

[지형에 주로 쓰는 표현]
● 반비알지다 : 땅이 약간 비탈지다.
● 언덕지다 : 평탄하지 못하고 언덕처럼 비탈지다.

[물체에 주로 쓰는 표현]
● 거우듬하다 : 조금 기울어진 듯하다.
● 비스듬하다 : 서 있거나 세워진 모습이 바르지 아니하고 한쪽으로 약간 기울어져 있다.
● 비슥하다 : 한쪽으로 약간 기울어져 있다.
● 살긋하다 : 물체가 한쪽으로 약간 배뚤어지거나 기울어져 있다.
● 쓰레하다 : 쓰러질 듯이 한쪽으로 기울어져 있다.

헐수할수

11

사자성어 가운데 '진퇴유곡'이 있다.

● 진퇴유곡(進退維谷) : 이러지도 저러지도 못하고 꼼짝할 수 없는 궁지.

진퇴유곡(進退維谷, 나아갈 진, 물러날 퇴, 밧줄 유, 골짜기 곡)의 본래 뜻은 '밧줄로 연결된 골짜기 가운데 서 있어, 앞으로 가기도 어렵고 돌아가기도 어려움'이다.

살다 보면 이런 경우가 많다. 이러지도 저러지도 못하는 상황을 맞으면 눈앞이 캄캄해진다. 그래서 그런지 이와 관련된 사자성어는 또 있다.

● 진퇴양난(進退兩難) : 이러지도 저러지도 못하는 어려운 처지.

● 진퇴무로(進退無路) : 이러지도 저러지도 못하는 어려운 처지.

● 속수무책(束手無策) : 손을 묶은 것처럼 어찌할 도리가 없어 꼼짝 못 함.

● 전문거호후문진랑(前門据虎後門進狼) : 앞문의 호랑이를 해결하자 뒷문에서 이리가 나옴. 즉 한 가지 어려움을 해결하고 나자 다른 어려움이 연이어 발생하는 모습.*

_____

* 기획집단 MOIM 구성, 신동민 그림,《고사성어랑 일촌맺기》, 서해문집, 2016.

그렇다면 우리말에는 이런 표현이 없을까? 당연히 있다. '어쩔 도리가 없다'거나 '어쩔 수가 없다' 같은 표현을 쓰면 된다.

그러나 이런 표현 말고 하나의 단어로 그 상황을 표현하고 싶다면? 다음 말을 쓰면 된다.

- 헐수할수없다 :
  ① 어떻게 해 볼 도리가 없다.
    예) 그는 결국 헐수할수없으니까 자기 자식만 데리고 야반도주를 해 버렸다.
  ② 매우 가난하여 살아갈 길이 막막하다.
    예) 집안 사정이 헐수할수없어서 그러는 거지.(박태원, 《성탄제》)

이와 비슷한 뜻으로 형태도 비슷한 '할 수 없다'라는 표현은 자주 쓴다. 그러나 '할 수 없다'는 하나의 단어가 아니다. 그래서 띄어 쓴다.

- 수 :
  ① 「명사」 일을 처리하는 방법이나 수완.
    예) 좋은 수가 생각나다. / 뾰족한 수가 없다.
  ② 「의존명사」 어떤 일을 할 만한 능력이나 어떤 일이 일어날 가능성.
    예) 모험을 하다 보면 죽는 수도 있다.

'수'에는 두 가지 용법이 있는데, 첫 번째는 명사, 두 번째는 의존명사다. '할 수 없다'에서는 의존명사로 쓰여 '어떤 일을 할 만한 능력이 없다'라는 뜻이다.

'헐수할수없다'에 나오는 '수'가 위의 뜻으로 쓰인 듯하다. 그러나

'헐수'니 '할수'니 하는 단어는 없다. 또 '헐수할수있다'는 표현도 없다. 그러니 '헐수할수없다'는 참으로 독특한 우리말인 셈이다.

'헐수할수없다'와 비슷한 뜻을 갖는 고유어는 또 있다.

● 바이없다 :
① 어찌할 도리나 방법이 전혀 없다.
예) 나로서는 방법이 바이없다.
② 비할 데 없이 매우 심하다.
예) 기쁘기 바이없다. / 슬프기 바이없다.

'바이없다'는 다른 두 가지 뜻이 있기에 사용할 때 유의해야 한다.

● 속절없다 : 단념할 수밖에 달리 어찌할 도리가 없다.
예) 잃어버린 물건을 다시 찾겠다는 생각은 속절없는 것이다.
● 올데갈데없다 :
① 사람이 머물러 살 곳이나 의지할 곳이 없다.
예) 그는 전쟁 통에 올데갈데없는 고아가 되었다.
② 어찌할 도리가 없다. 또는 다른 여지가 없다.
예) 갈등과 회의만 거듭하고 있는 올데갈데없는 상황을 내 힘으론
이미 어찌해 볼 수가 없었다.
● 옴나위없다 :
① 꼼짝할 만큼의 적은 여유도 없다.
예) 사고 현장은 구경꾼들이 몰려들어 옴나위없는 상황이다.
② 어찌할 도리가 없다. 또는 달리 표현할 방법이 없다.
예) 그들은 옴나위없는 애옥살이에 짓눌려도 버티고 살아왔다.

이런 표현을 보면 사람이 살아가는 일은 어디에서건 어려운 듯하다. 그러니 어떤 어려움이 닥치더라도 꿋꿋이 이겨낼 일이다.

알아 두면 쓸데 있는 말

직계존비속에서 결찌까지

12

「의료법」 시행령에서 정하는 처방전 대리수령자

1. 환자의 직계존속·비속 및 직계비속의 배우자

2. 환자의 배우자 및 배우자의 직계존속

3. 환자의 형제자매

...

법률 또는 행정 관련 서류를 읽다 보면 '직계존속', '직계비속', '직계존비속'이라는 표현이 자주 등장한다.

직계존비속은 '직계+존속+비속'으로 이루어진 표현이다.

- 직계(直系) : 혈연이 친자 관계에 의하여 직접적으로 이어져 있는 계통.

'직계'에 대비되는 단어는 '방계'다.

- 방계(傍系) : 시조(始祖)가 같은 혈족 가운데 직계에서 갈라져 나온 친계(親系).

사전만 보아서는 직계와 방계의 차이가 명확하지 않다. 예를 들면

아버지의 큰아들과 작은아들은 직계인가 방계인가? 아버지 입장에서는 큰아들과 작은아들 모두 직계다. 그러나 큰아들 입장에서, 아버지는 직계인 반면 동생인 작은아들은 방계다.

결국 직계와 방계는 누구를 기준으로 하느냐에 따라 다르다. 내 아버지, 어머니, 할아버지, 할머니, 외할아버지, 외할머니, 아들딸, 손자와 손녀는 모두 직계인 셈이다.

'존속'과 '비속'은 이보다는 간단하다.

● 존속(尊屬) : 부모 또는 그와 같은 항렬 이상에 속하는 친족.

● 비속(卑屬) : 아들 이하의 항렬에 속하는 친족을 통틀어 이르는 말.

간단히 말하면 존속은 내 윗사람이고, 비속은 내 아랫사람이다. '존(尊)'은 '높을 존, 높일 존'이요 '비(卑)'는 '낮을 비, 천할 비'니까, 윗사람은 존속, 아랫사람은 비속이라고 부른 것이다.

과거, 전통사회는 그 무엇보다 혈연관계에 집착했다. 그러니 이런 명칭이 중요했을 것은 당연하다.

이러한 가족관계를 나타내는 고유어에도 여러 표현이 있다.

● 곁쪽 : 가까운 일가친척.

'곁쪽'은 '방계'와 비슷한말이다. '가깝다'는 표현 때문에 직계라고 오인할 수 있지만, 앞서 살펴본 것처럼 직계 가족은 매우 드물다. 그리고 방계로 분류되더라도 무척 가까운 친척임을 잊지 말아야 한다.

곁쪽보다 먼 친척을 가리키는 표현도 있다.

● 곁찌 : 어찌어찌하여 연분이 닿는 먼 친척.

● 곁붙이 : 촌수가 먼 일가붙이.

'곁찌'와 '곁붙이'는 말이 친척이지, 친척이라고 하기도 어려운 관계인 듯하다. 사실 전통사회에서는 같은 성씨나 혈연들이 한마을에 사는 경우가 흔했다. 이를 가리켜 '집성촌'이라고 불렀는데, 오늘날에도 시골에 가면 심심찮게 볼 수 있다.

● 집성촌(集姓村) : 같은 성(姓)을 가진 사람이 모여 사는 촌락.

그러니 마을 사람 모두가 곁찌나 곁붙이인 경우가 흔했을 것이다.
한편 친척인 듯 친척 아닌 관계를 가리키는 관용구 '사돈의 팔촌'은 곁찌라고도 할 수 없는 관계인데, 남이라고 보아도 무방할 듯하다. 나를 기준으로 보면, 큰할아버지(할아버지의 형님)의 손자가 나와 육촌이다. 그리고 그 손자의 손자가 나와 팔촌 사이다. 자칫하면 얼굴도 모를 수 있다. 내 팔촌도 그렇게 먼 관계인데, 사돈집의 팔촌이니 아는 게 도리어 이상하지 않은가.

연좌제와 겨린

13

"인간은 사회적 동물"이라는 아리스토텔레스의 말이 아니더라도 인간은 사회 없이는 살 수 없다. 인간(人間)이라는 단어만 보더라도 '인(人, 사람 인)+간(間, 사이 간)'이 아니던가. 그러니 사람은 홀로 살아가는 것이 아니라 사람들 사이에서 살아가는 존재다.

물론 그 정도가 심하면 또 다른 문제를 야기한다. 그래서 부처님 말씀 가운데는 "무소의 뿔처럼 혼자서 가라"는 것도 있다. 함께, 그러나 홀로 살아야 하는 것이 우리 인간임을 기억할 일이다.

그렇지만 아무리 홀로 살고 싶어도 홀로 살 수 없을 때도 있다. 20세기 후반까지 존재했던 악법 가운데 하나가 '연좌제'라는 것이었다.

● 연좌제(緣坐制) : 범죄자와 일정한 친족 관계가 있는 자에게 연대적으로 그 범죄의 형사 책임을 지우는 제도. 친족이나 가족의 범위는 주로 3촌의 근친이나 처첩에 한정되었으며, 1980년대 이후 우리나라에서는 사실상 없어졌다.

나를 둘러싼 친척이나 가족이 죄를 저지르면 나까지 피해를 받거나 심하면 형사 책임까지 지는 것이 연좌제다. 그러니 주위 사람들을 쫓아다니면서 돌봐야 할지도 모른다. 특히 이 연좌제는 사상범에게 가혹했다. 집안에 진보적인 활동을 하는 사람이 하나라도 있으면, 그 가족, 친지들은 영문도 모르는 채 취직이 안 되는 것은 물론 사회에서 따돌림을 받아야 했다.

그 후 제도적으로는 연좌제가 사라졌다. 그러나 지금도 암암리에 이런 사회적 인식은 존재한다. 틈만 나면 아무개 집안이 빨갱이라는 말은 귀가 헐도록 듣는다. 그것도 사회에서 힘깨나 쓴다는 정치인, 언론인들이 이런 말을 떠든다.

옛날이라고 다르지 않았을 것이다. 아니, 조선시대로 거슬러 올라가면 더욱 심했을 것이다. "삼족을 멸한다"라는 표현이 심심찮게 등장하니 말이다.

● 삼족(三族):

　① 부모, 형제, 처자를 통틀어 이르는 말.

　② 아버지, 아들, 손자를 통틀어 이르는 말.

　③ 부계(父系), 모계(母系), 처계(妻系)를 통틀어 이르는 말.

　　예) 삼족을 멸하다.

"삼족을 멸한다"고 할 때 누구까지 없애는지는 때에 따라 달랐다. 또 조선시대에도 사상범, 그러니까 모반대역죄인(謀反大逆罪人)에 대한 연좌제는 다른 범죄인에 비해 훨씬 가혹했다.

당사자는 능지처사를 당했고, 부친과 장성한 아들은 교수형, 어린 아들과 모친, 처, 손자, 형제자매 등은 모두 공신 집안의 종이 되었다. 재산을 몰수하는 것도 당연했고, 조카나 숙부도 3천 리 밖으로 귀양 가야 했다. 친척 가운데 한 사람 잘못으로 온 가문이 풍비박산 난 셈이다.

나라를 배신하고 다른 나라를 따른 모반죄(謀叛罪)* 역시 연좌제의 대상으로, 당사자는 목을 베고, 자녀와 처는 노비로 삼았다. 부모와 손자, 형제는 2천 리 밖으로 귀양을 보냈다.

그 외에 문서 위조범, 공물을 대납한 자, 청탁을 받고 범법자를 풀어 준 자, 세금을 여러 해 미납한 자 등도 연좌제의 대상인데,** 전 가족을 국토의 변방으로 강제 이주시켰다.

그런데 삼족도 아닌데, 그러니까 친척은커녕 피 한 방울 섞이지 않았는데 피해를 보는 경우도 있었다.

- 겨린 : 살인 사건을 저지른 범인의 이웃에 사는 사람.

이 특이한 표현이 있다는 사실만으로도 우리는 과거를 상상할 수 있다. 살인 사건을 저지른 범인의 이웃에게 편견이 작용하지 않았다면 이런 단어가 탄생하지는 않았을 테니 말이다.

'겨린'은 한자 '절린(切鄰, 끊을 절, 이웃 린)'이 변해서 된 말이다. '이웃과 관계를 끊다.' 그러니 살아가면서 이웃과 친하게 지내는 것이 반드시 좋은 것만은 아닐 듯하다.

'겨린(을) 잡다', '겨린(을) 잡히다' 같은 관용구를 보면 더욱 그렇다. '겨린 잡다'는 "살인범의 이웃 사람이나 범죄 현장 근처로 지나가는 사람을 증인으로 잡아가다"라는 뜻이고, '겨린 잡히다'는 그 피동형이다. 그러니 오늘날 사건 현장을 보고도 못 본 척 지나가는 데

---

* 모반은 한자에 따라 두 가지 의미가 있다. '모반(謀反)'은 "국가나 군주의 전복을 꾀함", '모반(謀叛)'은 "자기 나라를 배반하고 남의 나라를 좇기를 꾀함"이라는 뜻이다.
** 백승아, 〈조선전기 전가사변의 운영과 지방통치〉, 서울대학교 박사학위논문, 2023, 164~165쪽.

는, 오래전부터 전해 내려온 유전자가 있는 것인지도 모른다.

데기, 뜨기, 내기, 쟁이

14

특정한 직업 또는 속성을 가리킬 때 쓰는 접미사는 여러 종류가 있다.

그런데 일반적으로 어떤 사람을 지칭하는 말에 우리말 접미사를 붙이면 썩 좋아 보이지 않는다.

'-데기'와 '-뜨기'가 그렇다.

> ● -데기 : (몇몇 명사 뒤에 붙어) '그와 관련된 일을 하거나 그런 성질을 가진 사람'의 뜻을 더하는 접미사.
> 예) 부엌데기(부엌일을 맡아서 하는 여자를 낮잡아 이르는 말). / 새침데기(새침한 성격을 지닌 사람). / 소박데기(남편에게 소박을 당한 여자를 낮잡아 이르는 말).

'-데기' 자체가 낮잡아 이르는 말은 아니지만. '-데기'가 붙은 단어는 대부분 누군가를 낮잡아 이르는 말이다. 그러니 '-데기'가 붙은 표현을 좋아할 사람은 별로 없는 게 당연하다.

> ● -뜨기 : (몇몇 명사 뒤에 붙어) '부정적 속성을 가진 사람'의 뜻을 더하는 접미사.
> 예) 사팔뜨기(사팔눈을 한 사람을 낮잡아 이르는 말. ≒사시안인). / 시골뜨기

(견문이 좁은 시골 사람을 낮잡아 이르는 말. ≒전사한). / 촌뜨기('촌사람'을 낮잡아 이르는 말. ≒파인).

'-뜨기'는 아예 '부정적 속성을 가진 사람'이라는 뜻을 가진 접미사니까, 당연히 좋지 않은 표현이다.

한편 사람을 가리키는 또 다른 표현인 '-내기'는 단어 자체에 두 가지 뜻이 있다.

● -내기 :

① (일부 명사 뒤에 붙어) 그 지역에서 태어나고 자라서 그 지역 특성을 지니고 있는 사람의 뜻을 더하는 접미사.

예) 서울내기. / 시골내기.

② (일부 어근이나 접두사 뒤에 붙어) 그런 특성을 지닌 사람의 뜻을 더하는 접미사. 흔히 그런 사람을 낮잡아 이를 때 쓴다.

예) 신출내기. / 여간내기. / 풋내기.

첫 번째 뜻으로 쓸 때는 부정적인 뜻이 아니지만, 두 번째 뜻으로는 낮잡아 이를 때 쓰므로 부정적이다. '-내기'를 '-나기'로 쓰는 경우가 있는데, '-나기'는 틀린 표현이다.

다음은 '-쟁이'와 '-장이'다. 사람을 가리킬 때 자주 사용하는 접미사인데, 두 표현은 헷갈리기 쉽다.

● -쟁이 :

① '그것이 나타내는 속성을 많이 가진 사람'의 뜻을 더하는 접미사.

예) 겁쟁이. / 고집쟁이. / 떼쟁이.

② '그것과 관련된 일을 직업으로 하는 사람'의 뜻을 더하는 접미사.

그런 사람을 낮잡아 이를 때 쓴다.

예) 관상쟁이. / 그림쟁이. / 이발쟁이.

● -장이 : '그것과 관련된 기술을 가진 사람'의 뜻을 더하는 접미사.

예) 간판장이. / 땜장이. / 양복장이.

'-쟁이'는 속성, 즉 성품이나 성격을 나타낼 때 주로 쓴다. 일반적으로 직업을 나타낼 때 '-장이'를 쓰는 것으로 알고 있는 사람이 많은데, 직업을 가진 사람을 낮잡아 이를 때도 '-쟁이'를 쓴다.

한편 '-장이'는 기술자나 직업을 가리키는데, '장(匠, 장인 장)+이'에서 유래한 표현이다. 따라서 '-쟁이'가 낮잡아 이르는 표현인 반면 '-장이'는 그렇지 않다. 그런데도 자기 직업에 '-장이'를 붙인 호칭을 듣고 기분 좋아할 분은 별로 없을 듯하다.

이렇게 '-쟁이'와 '-장이'는 직업인을 나타낼 때 섞어 쓴다. 그래서 '-쟁이'와 '-장이'를 헷갈리는 경우가 많다.

이번에는 자주 쓰지는 않지만 꼭 알아 두어야 할 사람을 지칭하는 표현이다.

● -가마리 : '그 말의 대상이 되는 사람'의 뜻을 더하는 접미사.

예) 걱정가마리(늘 꾸중을 들어 마땅한 사람). / 구경가마리(늘 남의 구경거리가 되는 사람). / 근심가마리(늘 근심거리가 되는 사람).

'-가마리'는 사람 자체의 성품이나 직업이 아니라, 특정한 행동이나 느낌의 대상이 되는 사람이다. 그러니 '걱정'에 '가마리'가 붙으면 '걱정을 안겨 주는 사람'이고, '구경'에 '가마리'가 붙으면, '구경의 대상이 되는 사람'이다.

마지막으로 살펴볼 표현은 '꾼'이다. '꾼'은 많이 사용하는 만큼 그 뜻 또한 다양하다.

우선 '꾼'에는 명사의 뜻이 있다.

- 꾼 : 어떤 일, 특히 즐기는 방면의 일에 능숙한 사람을 낮잡아 이르는 말.

  예) 많은 상금이 걸린 낚시 대회에 전국의 꾼들이 모두 모였다.

  비슷한말) 길꾼(노름 따위에 길이 익어 능숙한 사람).

'꾼'은 특정 분야에 뛰어난 사람을 낮잡아 이르는 대표적인 말이다.

그렇다면 접미사 '-꾼'은 어떨까? '-꾼'이 붙으면 어떤 분야의 뛰어난 전문가라 하더라도 썩 좋게 들리지 않는다. 물론 좋은 의미로 붙이는 경우도 있다.

- -꾼 :

  ① '어떤 일을 전문적으로 하는 사람' 또는 '어떤 일을 잘하는 사람' 의 뜻을 더하는 접미사.

     예) 살림꾼. / 소리꾼. / 심부름꾼.

  ② '어떤 일을 습관적으로 하는 사람' 또는 '어떤 일을 즐겨 하는 사 람'의 뜻을 더하는 접미사.

     예) 낚시꾼. / 난봉꾼. / 노름꾼.

  ③ '어떤 일 때문에 모인 사람'의 뜻을 더하는 접미사.

     예) 구경꾼. / 일꾼.

  ④ '어떤 일을 하는 사람'에 낮잡는 뜻을 더하는 접미사.

     예) 과거꾼. / 건달꾼. / 도망꾼.

⑤ '어떤 사물이나 특성을 많이 가진 사람'의 뜻을 더하는 접미사.

예) 건성꾼. / 덜렁꾼.

소리꾼이나 살림꾼 같은 표현은 긍정적인 느낌이 강하다. 낚시꾼, 구경꾼, 일꾼 같은 표현은 긍정도 부정도 아닌 느낌을 준다. 반면에 난봉꾼, 노름꾼, 건달꾼, 덜렁꾼 같은 표현들은 부정적인 느낌을 준다. 결국 '-꾼'은 뜻이 다양한 것처럼 다양한 속성의 사람들에게 붙이는 표현임을 알 수 있다.

돌과 하릅

15

얼마 전만 해도 아이가 태어난 지 1년 되는 첫 생일날에는 친지와 주위 사람들을 초청해 돌잔치(첫돌이 되는 날 베푸는 잔치)를 여는 것이 일반적이었다. 그리고 돌잔치에 참석하는 사람들은 한 돈 또는 반 돈짜리 순금 돌 반지(아이가 첫돌을 맞았을 때 이를 축하하며 선물로 주는 반지. 대개 순금으로 만든다)를 선물하는 것이 관례였다.

그러나 언제부터인가 돌잔치라는 말이 들려오지 않는다. 한다고 해도 가족끼리 조촐하게 할 뿐 누군가를 초청하지는 않는 듯하다. 돌이켜 생각해 보면 돌잔치를 전문으로 하는 식장으로, 가족을 넘어 직장 동료들까지 초대했던 관습은 기이하기 짝이 없는 일이다.

'돌'에는 두 가지 뜻이 있다.

- 돌 :
    ① 「명사」 어린아이가 태어난 날로부터 한 해가 되는 날.
    예) 내일이 조카 돌이다.
    ② 「의존 명사」
    [1] 생일이 돌아온 횟수를 세는 단위. 주로 두세 살의 어린아이에게 쓴다.
    예) 우리 아이는 이제 겨우 두 돌이 넘었다.
    [2] 특정한 날이 해마다 돌아올 때, 그 횟수를 세는 단위.

예) 서울을 수도로 정한 지 올해로 600돌이 되었다.

그러니까 한 해가 '돌'인데, 특별히 태어난 지 한 해 된 날도 '돌'이
라고 한다.

오늘날은 '돌'이 표준어인데 20세기 중반까지는 '돐'이 표준어였
다. 그때는 한 해는 '돌', 생일이라는 뜻으로는 '돐'을 썼다. 그러나
본질적으로 같은 1년인데 나누어서 쓰는 것이 불필요하다고 판단해
'돌'로 통일했다. '돌'의 어원은 '돐'인데, 지금도 북한에서는 '돌' 대
신 '돐'을 사용한다.

그렇다면 한 살 된 아이, 즉 첫돌을 맞이한 아이는 뭐라고 부를까?

● 돌쟁이 : 첫돌이 된 아이. 또는 그만한 시기의 아이. ≒돌잡이, 돌짜리.
예) 이제 막 걸음마를 시작한 돌쟁이.

한편 사람만 한 살, 두 살 먹는 건 아니다. 동물도 그렇게 나이를
센다. 오래 살건 짧게 살건 동물 나이도 사람처럼 365일을 한 해로
세는 것이다. 물론 사나흘 살고 세상을 떠나는 하루살이에게는 해당
되지 않는 말이지만.

그렇다면 한 살 된 동물은 무어라고 부를까?

● 하릅 : 나이가 한 살 된 소, 말, 개 따위를 이르는 말.
● 한습 : 말이나 소의 한 살.

이로부터 유래한 표현이 '하릅강아지'(나이가 한 살 된 강아지), '하릅
망아지'(나이가 한 살 된 망아지), '하릅비둘기'(나이가 한 살 된 비둘기),

'하릅송아지'(나이가 한 살 된 송아지)다.

따라서 하릅망아지와 하릅송아지를 통틀어 '한습'이라고 부른다.

이때 '하릅'은 한습, 두습, 세습, 나릅, 다습, 여습 등처럼 소, 말, 개 등과 같은 짐승의 나이를 셀 때 쓰는 말로 '한 살'을 뜻한다.

그렇다면 '하릅강아지'와 '하룻강아지'는 같을까, 다를까?

- 하룻강아지 :
  ① 난 지 얼마 안 되는 어린 강아지.
  ② 사회적 경험이 적고 얕은 지식만을 가진 어린 사람을 놀림조로 이르는 말.
  어원) 하룻강아지 ← 하릅+강아지.

사전 뜻을 보면 하릅강아지와 하룻강아지의 뜻은 다른 듯하다.

그런데 하룻강아지의 어원을 보면 헷갈린다. 하룻강아지는 '하룻+강아지'가 아니라, '하릅+강아지'라는 말이다. 따라서 하룻강아지는 낳은 지 '하루' 된 강아지가 아니라 '한 해' 된 강아지다.

이렇게 살펴보면 사전적으로는 하룻강아지와 하릅강아지는 비슷하다. 그렇지만 유명한 속담에서는 하릅강아지를 쓰지 않는다.

- 하룻강아지 범 무서운 줄 모른다 : 철없이 함부로 덤비는 경우를 비유적으로 이르는 말.
- 하룻강아지 서울 다녀온 것 같다 : 뭔지도 모르고 어떤 일을 한다는 뜻으로 빗대는 말.(정종진,《한국의 속담 대사전》)

마지막으로 하룻강아지와 비슷한 철없는 사람을 가리키는 표현이 또 있다.

● 천둥벌거숭이 : 철없이 두려운 줄 모르고 함부로 덤벙거리거나 날뛰
는 사람을 비유적으로 이르는 말.

천둥(벼락이나 번개가 칠 때에 대기가 요란하게 울림. 또는 그런 소리) 칠
때 옷을 벗고 뛰어다니는 무모한 사람을 가리키는 표현인 듯하다.

괴와 돝

16

'새끼'는 참 귀엽고 좋은 말이다. "낳은 지 얼마 안 되는 어린 짐승"
을 뜻하니 말이다. 물론 "낳은 지 얼마 안 되는 어린 사람"은 '아기'
라고 한다. 그렇다고 사람에게 새끼를 쓰지 않는 건 아니다.

> ● 새끼 :
>
> ① 낳은 지 얼마 안 되는 어린 짐승.
>
> 예) 토끼 새끼. / 소가 새끼를 낳았다.
>
> ② '자식'을 낮잡아 이르는 말.
>
> 예) 제 새끼 귀한 줄은 누구나 안다.
>
> ③ (속되게) 어떤 사람을 욕하여 이르는 말.
>
> 예) 이 새끼야! / 망할 놈의 새끼.
>
> ④ 자식을 낮잡아 이르는 말.

그런데 꼭 낮잡아 이를 때만 쓰지는 않는다. 할머니, 할아버지께
서 손주를 보고 "어이구, 우리 새끼!" 하고 말하는 것을 못 들어 본
사람은 거의 없을 것이다. 이때는 '새끼'가 '어린아이를 귀엽게 이르
는 말'로 쓰인 셈이다.

새끼가 가장 좋지 않게 쓰이는 것은, 사전에 나오는 세 번째 뜻이
다. 굳이 용례를 들지 않더라도 우리 모두 어떻게 쓰이는지 다 안다.

한편 짐승의 경우, 특히 가축에게는 어미에 대비되는 새끼 명칭을 쓰는 것이 일반적이다. 소 새끼를 송아지, 말 새끼를 망아지, 닭 새끼를 병아리로 부르듯이 말이다.

반면에 주변에 흔한 짐승 가운데 어미와 새끼를 분리해 부르는 명칭이 없는 것도 있다. 바로 돼지와 고양이다. 이 가운데 고양이는 가축인지 아닌지가 불분명하다.

● 가축 : 집에서 기르는 짐승. 소, 말, 돼지, 닭, 개 따위를 통틀어 이른다.(《표준국어대사전》)

● 가축 : 인간에 의하여 순화, 개량되어 사람과 함께 공동생활을 하는 유용한 동물.(《한국민족문화대백과사전》)

두 사전의 해설을 보면 고양이는 가축인 듯하다. 그런데 '유용한'이라는 표현이 고양이의 가축화에 걸림돌이 된다. 고양이는 오래전부터 인간과 친근하면서도 두려운 존재였다. 고양이가 개 다음으로 흔한 반려동물이 된 오늘날에도 고양이를 꺼림칙하게 여기는 사람들은 많다. 밤에 들려오는 고양이 울음이 감미롭다면 신경정신과에 갈 것을 권한다. 게다가 고양이를 먹는 사람은 거의* 없다. 물론 고양이를 반려동물로 키우는 사람이나 쥐 때문에 고생하는 사람들은 고양이야말로 가장 유용한 동물이라고 여길 것이다. 여하튼 세계적으로 고양이는 가축과 짐승 사이를 넘나드는 듯하다.

고양이 새끼를 가리키는 명칭이 없는 것은 이런 이유 때문이 아닐까 싶다.

---

* 혹시나 어느 산속에서 드시는 분이 있을까 해서 '거의'라는 표현을 쓴다.

오늘날 고양이는 가축과 짐승을 넘어 반려동물로 삼은 이들이 많으니 더 살펴보기로 하자.

예전에 '괴'는 고양이를 가리키는 말이었는데, 현재 독립적으로 쓰지는 않는다. 그러나 속담에는 그 흔적이 남아 있다.

● 괴 다리에 기름 바르듯 : 일을 분명하고 깔끔하게 처리하지 않고 슬그머니 얼버무려 버림을 비유적으로 이르는 말. =구렁이 담 넘어가듯.

● 괴 딸 아비 : 고양이 딸의 아비라는 뜻으로, 그 내력을 도무지 알 수 없는 사람을 비유적으로 이르는 말.

● 괴 밥 먹듯 한다 : 음식을 이리저리 헤집어 놓고 조금만 먹음을 비유적으로 이르는 말.

● 괴 불알 앓는 소리 : 쉴 새 없이 듣기 싫게 중얼거리는 소리를 비유적으로 이르는 말.

한편 '괴'가 고양이를 가리키는 뜻으로 쓰인 유명한 표현이 있다.

● 괴발개발 : 고양이의 발과 개의 발이라는 뜻으로, 글씨를 되는대로 아무렇게나 써 놓은 모양을 이르는 말.
예) 담벼락에는 괴발개발 아무렇게나 낙서가 되어 있었다.
비슷한말) 개발새발.

'괴발개발'은 '고양이 발+개 발'이고, '개발새발'은 '개 발+새 발'인 셈이다. 어떤 발로 써도 글씨를 못 알아볼 건 똑같다.

한편 '고양이'는 '괴+앙이'가 변한 것이다. 또 고양이의 준말은

'괭이'인데, 요즘은 잘 안 쓴다. 그렇지만 나이 드신 분들 가운데는 아직도 이 표현을 쓰는 사람이 적지 않다.

돼지도 새끼 명칭이 따로 없는 것은 마찬가지다. 돼지의 어원을 보자.

돝+-이+아지 → 되아지 → 돼지[*]

어원을 보면 본래 돼지는 '돝'이고 돼지 새끼는 '되아지'였다. 그런데 어떤 이유에서인지 돝은 사라지고, 되아지가 변한 돼지가 돝을 대신하는 명칭이 되었다.

한편 곰과 호랑이 새끼를 가리키는 명칭도 있다. 곰 새끼는 '능소니', 호랑이[**] 새끼는 '개호주'라고 부른다. 곰 새끼와 호랑이 새끼를 왜 따로 불러야 했는지 잘 모르겠지만, 여하튼 이 무서운 동물들의 새끼 명칭은 있다.

또 예전에 자주 잡던 꿩의 새끼를 가리켜 '꺼병이' 또는 '꿩병아리'라고 불렀다. 한편 꿩은 암컷을 '까투리', 수컷을 '장끼'라고 부르는 것으로 유명하다.

---

[*] 국립국어원 '우리말샘'.
[**] 호랑이를 우리나라에서는 '범'이라고 부르기도 한다.

1부터 무량대수까지

17

언젠가 '사흘'이라는 표기가 언론을 타자, 사흘을 '4일'이라고 여긴
많은 사람이 항의했다는 소식이 들려왔다. "왜 골치 아프게 사흘이
라고 해서 사람을 헷갈리게 하느냐?"

　사실 사흘이 4일인지 3일인지를 모르는 것보다 더 놀라운 것은,
사흘이 며칠인지 모르면서도 부끄러워하기는커녕 오히려 큰소리를
치는 태도다. 사흘은 고유어다. 이런 사람들일수록 한자어를 쓰면
"왜 꼰대처럼 한자어를 쓰느냐? 좋은 우리말을 써야지!" 하고 핏대
를 올리곤 한다.

　예의(禮義, 사람이 지켜야 할 예절과 의리)는 고사하고 염치(廉恥, 체면
을 차릴 줄 알며 부끄러움을 아는 마음)조차 없으니, 그런 태도에서 배우
고 익힐 일은 없다. 그럼 훗날에는 하루와 이틀조차 모른다고 해도
놀랄 일은 아닐 터이다. 나흘(4일), 닷새(5일), 엿새(6일), 이레(7일), 여
드레(8일), 아흐레(9일), 열흘(10일)은 물론이고, 하루 이틀(1~2일), 사
나흘(3~4일), 너더댓새(네댓새, 4~5일), 대엿새(5~6일), 예니레(6~7일),
일여드레(7~8일) 같은 멋진 표현은 "나랏말ㅆ미 듕귁에 달아"와 같은
취급을 받을지도 모른다.

　하나, 둘, 셋, 넷, 다섯, 여섯, 일곱, 여덟, 아홉, 열이 아라비아숫
자 1, 2, 3, … 10의 우리말 표기인 것을 모르는 사람은 없을 것이다.

　그런데 숫자를 셀 때 우리말을 사용하지는 않는다. 123을 '하나둘

셋'이라고 부르지 않는다는 말이다. 123은 '백이십삼'이라고 하거나 '일이삼'이라고 한다. 이때 일, 이, 삼, 사, 오, … 십, 백, 천, 만… 은 한자를 읽은 것이다.

다 아는 사실이지만 다시 그 숫자를 살펴보자.

1 = 일(一)	1,000 = 천(千)
2 = 이(二)	10,000 = 만(萬)
3 = 삼(三)	100,000,000 = 억(億)
4 = 사(四)	1,000,000,000,000 = 조(兆)
5 = 오(五)	
6 = 육(六)	
7 = 칠(七)	
8 = 팔(八)	
9 = 구(九)	
10 = 십(十)	
100 = 백(百)	

한자의 숫자 표기를 살펴보면 1에서 10까지는 1이 올라갈 때마다 새로운 숫자를 사용하는 것을 알 수 있다. 또 10 이후에는 10배마다 새로운 숫자가 나타난다. 십, 백, 천, 만처럼 말이다.

그런데 만(萬)의 10배는 십만(十萬)이라고 한다. 만이 열 개인 것이다. 따라서 십만은 새로운 숫자가 아니다. 새로운 숫자는 만의 10,000배를 가리킬 때 비로소 나오는데, 억(億)이 그것이다. 아라비아 숫자로는 100,000,000이다.

그 후부터는 10,000배마다 새로운 숫자가 나타난다.

실제로는 조(兆 = 10^{12}), 경(京 = 10^{16})까지가 쓰일 뿐, 그 이상의 숫자는 천문학 또는 지구물리학에서나 등장한다.

그래도 알아 두면 좋을 것이다. 현실적인 숫자만 머릿속에 넣어둔 사람과, 상상할 수 없는 숫자까지도 머릿속에서 움직이는 사람의 창조력과 상상력에는 분명 차이가 있을 테니까.

경(京) = 10^{16}

해(垓) = 10^{20}

자(秭) = 10^{24}

양(壤) = 10^{28}

구(溝) = 10^{32}

간(澗) = 10^{36}

정(正) = 10^{40}

재(載) = 10^{44}

극(極) = 10^{48}

항하사(恒河沙) = 10^{52}

아승기(阿僧祇) = 10^{56}

나유타(那由他) = 10^{60}

불가사의(不可思議) = 10^{64}

무량대수(無量大數) = 10^{68}

10^{48}까지를 나타내는 한자어는 한 글자로 되어 있고, 그보다 큰 숫자는 여러 글자로 되어 있는데, 모두 불교에서 유래한 표현이다.

● 항하사(恒河沙) : 갠지스강의 모래라는 뜻으로, 무한히 많은 것. 또는 그런 수량을 비유적으로 이르는 말.

● 아승기(阿僧祇) : 수로 표현할 수 없는 가장 많은 수. 또는 그런 시간.

● 나유타(那由他) : 산스크리트어로 '헤아릴 수 없을 만큼 많은 수'라는 뜻. (위키백과)

● 불가사의(不可思議) : 사람의 생각으로는 미루어 헤아릴 수 없이 이상

하고 야릇함.

● 무량대수(無量大數) : 헤아릴 수 없이 큰 수.

　특이한 것이 '불가사의(不可思議)'인데, 일반적으로는 "사람의 생
각으로는 미루어 헤아릴 수 없이 이상하고 야릇함"이라는 뜻이다.
그래서 상상하기 힘든 대상을 가리켜 불가사의라고 하는 경우가 많
다. '세계 7대 불가사의', '세계 10대 불가사의'처럼 사용한다. 그런
표현이 상상하기 힘든 숫자를 뜻하기도 한다.

　'무량대수'는 한자를 풀면 '헤아릴 수 없이 커다란 숫자'인데, 동
양 문화권에서는 이보다 큰 수는 상상하지 않은 듯하다.

깨달음과 깨도

18

'깨달음'이라는 단어가 무척 좋은 뜻임을 모르는 이는 없을 것이다.

- 깨달음 : 생각하고 궁리하다 알게 되는 것.
  예) 깨달음을 구하다. / 깨달음을 이루다. / 깨달음의 경지에 이르다.

사전 뜻을 보면 알 수 있듯이, '깨달음'은 눈에 보이는 것이 아니라 눈에 보이지 않는 무엇인가를 알게 되는 것이다. 동사형은 '깨닫다.'

- 깨닫다 :
  ① 사물의 본질이나 이치 따위를 생각하거나 궁리하여 알게 되다.
    예) 잘못을 깨닫다.
  ② 감각 따위를 느끼거나 알게 되다.
    예) 그녀는 닥쳐오는 위기를 본능적으로 깨달았다.

'깨달음'이 워낙 좋은 뜻이라 그런지 이와 관련된 다양한 표현이 있다.

- 깨달은이 : 우주와 인생의 진리를 깨달아서 모든 의혹과 번뇌를 버리고 마음의 안정을 찾은 사람. =각자(覺者).

'깨달은이'는 붙여 써야 한다. 무언가를 먹는 사람을 '먹는이'라고 하지 않는다. '아픈 이', '떠나는 이', '일을 맡은 이'처럼 대부분 띄어 쓰는데, '깨달은이'는 붙여 쓴다. 마치 '어린이', '늙은이'처럼 말이다. 한자어 '각자(覺者)'를 우리말로 바꾸면서 나온 단어일 것이다.

- 각자(覺者) :
  ① '부처'의 다른 이름. 깨닫기 위한 수행을 마치고 자신의 깨달음으로 남을 깨닫게 하는 사람이다.
  ② 우주와 인생의 진리를 깨달아서 모든 의혹과 번뇌를 버리고 마음의 안정을 찾은 사람. ≒깨달은이.

'각자(覺者)'에는 두 가지 뜻이 있는데, 모두 불교 용어다. '깨달은이'는 두 번째 뜻이다.

'깨닫다'의 타동사는 '깨치다', 피동형은 '깨우치다'이다.

- 깨치다 : 일의 이치 따위를 깨달아 알다.
  예) 한글을 깨치다.
- 깨우치다 : 깨달아 알게 하다.
  예) 동생의 잘못을 깨우쳐 주다.

실제로는 이 정도 표현이면 충분하다. 그러나 우리말은 그렇게 단순하지 않다.

- 깨도하다 : 깨달음을 얻다.

그냥 깨닫는 게 아니라 깨달음을 얻는 모습을 가리켜 '깨도하다'
라고 한다.

- 깨도 : 생각하고 궁리하다 알게 되는 것. =깨달음.

  예) 이봉학이가 말하여 무심하였던 꺽정이도 깨도가 되어서 "의뭉스
  러운 늙은이가 정녕 그래서 나간 걸세." (홍명희, 《임꺽정》)

'깨도하다'는 '깨도, 즉 깨달음'을 직접 하는 행위인 셈이다.
또 단순히 '깨닫는 것'을 넘어서는 뜻도 있다.

- 깨단하다 : 오랫동안 생각해 내지 못하던 일 따위를 어떠한 실마리로
  말미암아 깨닫거나 분명히 알다.

  예) 사업에 실패했던 원인을 이제야 깨단하게 되다니.

뜻풀이를 보면 '깨닫다'와 '깨단하다'는 분명 다르다. 다른 뜻을
갖는 동사는 또 있다.

- 깨다듬다 : 깨달아 마음을 가다듬다.

깨달은 후에 마음을 가다듬는다는 뜻인데, '깨닫다'보다 한 걸음
더 나아간 표현이다.

새알심

19

예로부터 우리 민족은 동지가 되면 팥죽을 쑤어 먹었다.

● 동지(冬至) : 이십사절기의 하나. 대설(大雪)과 소한(小寒) 사이에 들며 태양이 동지점을 통과하는 때인 12월 22일이나 23일경이다. 북반구에서는 1년 중 낮이 가장 짧고 밤이 가장 길다. 동지에는 음기가 극성한 가운데 양기가 새로 생겨나는 때이므로 1년의 시작으로 간주한다. 이 날 각 가정에서는 팥죽을 쑤어 먹으며 관상감에서는 달력을 만들어 벼슬아치들에게 나누어 주었다고 한다.

오늘날 동지는 특별한 의미를 갖지 않는다. 그보다 하루 이틀 뒤에 올 크리스마스에 치여 전통 명절에서 사라진 지 오래다. 그러나 지금도 동짓날 팥죽을 쑤어 먹으며 가족의 안녕을 기리는 집도 많다.

다들 알다시피 24절기는 음력을 사용하던 전통사회에서 지내던 양력 절기다. 달의 움직임에 바탕한 음력이 미처 반영하지 못하는 요소를, 해의 움직임을 기준으로 보완한 것이다.

그래서 오늘날에도 24절기의 각 날짜들은 거의 정해져 있다. 설이나 대보름, 단오, 추석 등 대부분의 명절이 음력이어서 양력 날짜로는 매년 변하는 것과 다르다.

24절기의 명칭을 보면 태양의 위치, 계절, 농사를 나타내는 것이 대부분이다.*

- 입춘(立春) : 2월 4일경. 봄의 시작.

- 우수(雨水) : 2월 19~20일경. 눈이 녹아 시냇물이 흐르기 시작함.

- 경칩(驚蟄) : 3월 5일경. 개구리가 겨울잠에서 깨어남.

- 춘분(春分) : 3월 21일경. 낮이 밤보다 길어지기 시작함.

- 청명(淸明) : 4월 5일경. 햇빛이 맑고 밝게 비추기 시작함.

- 곡우(穀雨) : 4월 20일경. 농사에 알맞은 비가 내림.

- 입하(立夏) : 5월 6일경. 여름의 시작.

- 소만(小滿) : 5월 21일경. 만물이 차 오름.

- 망종(芒種) : 6월 6~7일경. 곡식의 씨앗을 뿌림.

- 하지(夏至) : 6월 21일경. 1년 중 낮이 가장 긺.

- 소서(小暑) : 7월 7~8일경. 본격적으로 더위가 시작됨.

- 대서(大暑) : 7월 23일경. 1년 중 가장 더움.

- 입추(立秋) : 8월 8일경. 가을의 시작.

- 처서(處暑) : 8월 23일경. 더위가 물러남.

- 백로(白露) : 9월 9일경. 이슬이 맺히기 시작함.

- 추분(秋分) : 9월 23일경. 밤이 낮보다 길어지기 시작함.

- 한로(寒露) : 10월 8일경. 찬 이슬이 맺힘.

- 상강(霜降) : 10월 23~24일경. 서리가 내림.

- 입동(立冬) : 11월 8일경. 겨울의 시작.

---

* 이하 24절기의 날짜는 모두 《한국민족문화대백과사전》에 따랐다. 사전마다 1~2일 정도의 차이가 있다. 뜻은 해당 한자를 간략하게 풀이한 것이다.

- 소설(小雪) : 11월 22~23일경. 눈이 내리기 시작함.

- 대설(大雪) : 12월 7~8일경. 큰 눈이 내림.

- 동지(冬至) : 12월 22일경. 1년 중 낮이 가장 짧음.

- 소한(小寒) : 1월 5일경. 본격적으로 추위가 시작됨.

- 대한(大寒) : 1월 20일경. 1년 중 가장 추움.

유심히 보면 알 수 있듯 24절기의 각 절기 명칭에서 그 무렵의 계절과 기온, 농사와의 관계 등을 알 수 있다.

그렇다면 왜 동지 때 팥죽을 쑤어 먹었을까?

붉은색을 띠는 팥은 전통문화에서 좋지 않은 병마를 쫓아내는 존재였다. 예전에는 동지를 1년의 시작으로 여겼다. 그래서 한 해의 병마를 쫓아내기 위해 동지에 팥죽을 쑤어 먹었던 것이다.

이처럼 팥이 병마를 쫓아내는 존재여서 오늘날에도 이사를 가거나 새로이 사업을 시작하는 경우, 팥떡이나 팥죽을 쑤어 고사를 지내기도 한다. 반면 조상님을 모시는 차례나 제사상에는 팥이 들어가는 음식을 올리지 않는다.

팥죽을 쑤어 먹은 적이 있는 사람들은 알겠지만, 팥죽에는 흰쌀로 만든 동그란 것이 들어가는데, 이를 '새알심'이라고 부른다.

- 새알심 : 팥죽 따위에 넣어 먹는 새알만 한 덩이. 보통 찹쌀가루나 수수 가루로 동글동글하게 만든다.

새알심은 '새알+심'으로 된 표현이다.

- 새알 :

① 참새의 알.

② 모든 새의 알. ≒조란.

● 심 : 죽에 곡식 가루를 잘게 뭉치어 넣은 덩이. 팥죽의 새알심 따위를 이른다.

'새알'은 '새의 알'이다. 따라서 '새알심'은 '새알만 한 크기로 곡식 가루를 뭉친 것'이다. 새알은 새의 알을 가리킬 뿐 아니라 작은 것을 비유적으로 나타내기도 하는데, 아래 속담이 그런 비유를 잘 나타낸다.

● 새알 볶아 먹을 놈 : 작은 새알을 꺼내서 볶아 먹을 만한 인간이라는 뜻으로, 이익만 생긴다면 무슨 일이든 상관없이 달려드는 극단적인 이기주의자를 비꼬는 말.

그 외에도 다음과 같은 단어들이 새알에서 유래했다.

● 새알꼽재기 :

① 새알처럼 아주 작은 물건이나 분량을 비유적으로 이르는 말.

② 좀스럽고 옹졸한 사람을 낮잡아 이르는 말.

● 새알콩 : 콩의 하나. 한편은 푸르고 다른 편은 아롱아롱한 점이 있다.

● 새알팥 : 팥의 하나. 알이 잘고 한편은 희고 다른 편은 검은 줄이 아롱져 있다.

● 새알사탕 : 새알만 하게 만든 사탕. ≒눈깔사탕, 알사탕.

'사탕'은 한자어 '사당(沙糖, 모래 사, 엿 당)'이 변해서 된 표현인데, 본래 '糖'에는 '당'과 '탕'의 두 가지 음이 있다.

샛별, 개밥바라기, 어둠별

20

금성(金星)은 여러 모로 친근한 행성이다.

우선 지구와 크기가 매우 비슷하다. 반지름이 지구의 0.95니까 크기가 거의 같은 셈이다.

또 하나는 우리 눈에 잘 보인다는 점이다. 해 뜨기 전 동쪽 하늘에서 환하게 빛나고, 해 지기 전에는 서쪽 하늘에서 빛을 낸다.

우리가 모르는 부분도 있는데, 금성은 다른 행성과 달리 달처럼 형태가 변한다는 점이다. 반면에 다른 행성들은 망원경으로 봐도 늘 동그랗다.

밝게 빛나는 특성 때문에 금성은 동서양을 막론하고 관심의 대상이었다.

오래전 메소포타미아 신화에 등장하는 이슈타르(Istar)라는 여신은 미와 연애를 주관했는데, 금성을 가리키는 것으로도 알려져 있다.

고대 그리스신화에는 아프로디테(Aphrodite)라는 미와 사랑의 여신이 등장하는데, 아프로디테가 고대 로마에 들어서면서 비너스(Venus)와 동일시되기 시작했다. 비너스는 많은 사람이 알고 있듯 미와 풍요의 여신이다. 금성을 서양에서 비너스라고 부르니, 서양에서도 금성을 아름다움과 빛의 상징으로 여긴다는 말일 것이다.

우리나라라고 다르지 않다. 지구를 둘러싼 별 가운데 우리말 명칭을 가진 것은 드물다. 달, 해, 그리고 아무리 생각해도 떠오르는 명칭이 없다.

그런데 금성은 무려 세 개나 된다. '샛별'과 '개밥바라기'(=개밥바라기별), '어둠별'이 그것이다. 이것만 보아도 우리 조상들이 금성을 얼마나 친근하게 여겼는지 알 수 있다.

그렇다면 세 가지 명칭 차이는 무엇일까?

사실 하나의 물체에 세 가지 다른 명칭을 붙였다는 것은 오류라고 보아도 무방하다. 우리 조상들이 정말 잘못 붙였는지, 아니면 일부러 여러 이름을 붙였는지는 잘 모르겠지만.

우선 샛별이다.

● 샛별 : 금성을 일상적으로 이르는 말.

결국 '금성=샛별'인 셈이다. 그렇다면 개밥바라기와 어둠별을 알아보아야겠다.

↑ 나사(NASA)에서 촬영한 금성. 육안으로 보면 하나의 점처럼 보이지만, 망원경으로 자세히 보면 달처럼 그 모습이 변함을 알 수 있다.

● 개밥바라기 : 저녁 무렵 서쪽 하늘에 보이는 '금성'을 이르는 말. = 태백성.

● 어둠별 : 해가 진 뒤에 서쪽 하늘에서 반짝거리는 금성.

앞에서 살펴보았듯이, 금성은 해 뜨기 전 동쪽 하늘에서 환하게 빛나고, 해 지기 전에는 서쪽 하늘에서 빛을 낸다고 했다. 결국 우리 조상들은 새벽 금성을 '샛별', 저녁 금성을 '개밥바라기' 또는 '어둠별'이라고 부른 셈이다.

세 별이 다른 것이라고 여겼을지, 같은 것으로 여겼을지는 명칭이 탄생한 시대로 돌아가 보아야 알 수 있을 텐데, 불가능하니 덮어 둘 수밖에 없겠다.

그렇지만 이 정도도 모르는 사람들이 앙부일구니 자격루를 만들었을 리가 있겠는가. 서양 사람들이 비너스라는 하나의 명칭으로 부를 때, 우리 조상들은 떠오르는 금성과 지는 금성에 각기 다른 명칭을 붙일 만큼 과학적 지식이 뛰어났을 뿐 아니라, 삶 속에서 금성이 갖는 의미를 중시한 것이 분명하다.

그 외에 다양한 천체를 나타내는 고유어도 꽤 있다.

● 미리내 : 은하수.

'은하수(銀河水)'는 은하를 강에 비유하여 부르는 명칭이다. 즉, 은하나 은하수나 같은 천체인 셈이다.

한편 사전을 찾아보면 '미리내'를 은하수의 고유어라고 칭하는 대신 "'은하수'의 방언(제주)"이라고 표시하고 있다.* 어떻게 된 것일까?

미리내는 '미리+내'인데, '내'는 "시내보다는 크지만 강보다는 작은 물줄기"이다. '미리'는 제주도 방언으로 '용(龍)'을 가리킨다. 그러니 미리내가 제주도 방언인 건 분명해 보인다. 하지만 은하수는 어차피 은하라는 천체를 비유적으로 부르는 호칭이니, 미리내를 표준어로 등재하는 것이 어떨까 싶기도 하다. 물론 이렇게 아름다운 방언을 고유어라는 이유, 아름답다는 이유로 등재하기 시작하면 표준어 규정에 혼란이 온다는 문제가 있기는 하다.

- 혜성(彗星): 가스 상태의 빛나는 긴 꼬리를 끌고 태양을 초점으로 긴 타원이나 포물선에 가까운 궤도를 그리며 운행하는 천체. 핵, 코마, 꼬리 부분으로 이루어져 있다.

'혜성'은 꼬리별, 꽁지별, 길쓸별, 살별 같은 고유어 표현을 갖는다. '길쓸별'은 혜성 생김새가 길을 쓰는 빗자루 같다고 해서 붙은 이름이다.

- 유성(流星): 지구의 대기권 안으로 들어와 빛을 내며 떨어지는 작은 물체. =별똥별.
- 항성(恒星): 천구 위에서 서로의 상대 위치를 바꾸지 아니하고 별자리를 구성하는 별. =붙박이별.
- 행성(行星): 중심 별의 강한 인력의 영향으로 타원 궤도를 그리며 중심 별의 주위를 도는 천체. 스스로 빛을 내지 못하고, 중심 별의 빛을 받아 반사한다. 태양계에는 수성, 금성, 지구, 화성, 목성, 토성, 천왕

---

* 국립국어원 '우리말샘'.

성, 해왕성의 여덟 개 행성이 있다. ≒떠돌이별, 유성, 혹성.

● 까막별 : 빛을 내지 않는 별.

● 닻별 : 북극성을 중심으로 북두칠성의 맞은편에 있는 'W' 자 모양의
별자리. 11월 하순에 자오선을 통과한다. =카시오페이아자리.

● 별숲 : 별들이 총총 떠 있는 하늘을 비유적으로 이르는 말.

다른 표현은 다 이해가 가는데, 까막별은 무엇인지 도무지 모르
겠다. 빛을 내지 않는 별을 조상님들은 어떻게 관찰하셨는지도 궁
금하고. 그 시대에 맨눈으로 블랙홀을 확인하셨을 리는 만무하니
말이다.

나룻배와 거룻배

21

현대인들은 동력(動力)이 없는 배를 타는 경험을 하기도 어렵거니
와 그런 배를 보기도 어렵다. 유원지에서 오리배 같은 것을 타 본
사람이야 있겠지만 그걸 '이동수단으로서의 배'라고 하는 건 무리
다. 그만큼 오늘날 물에 떠 있는 배는 아무리 작아도 동력선이 대
부분이다.

- 동력선(動力船) : 내연기관의 모터를 추진기로 사용하는 보트. =모터
보트.

그러나 불과 100여 년 전만 해도 한반도 곳곳의 강과 바다에서 볼
수 있는 동력선은 모두 이양선이었다.

- 이양선(異樣船) : 모양이 다른 배라는 뜻으로, 다른 나라의 배를 이르
는 말. 주로 조선시대에 외국의 철선을 이르는 데에 쓰였다.
예) 이곳은 개항 이후에 이양선이 자주 출몰했던 곳이다.

'이양선(異樣船)'의 한자는 '다를 이, 모양 양, 배 선'이다. 그때까
지 조선 사람들이 보던 배와는 '다른 모양의 배'라는 뜻이다. 서양인
이나 일본인들이 타고 오는 동력선, 전선(戰船)은 모두 이양선이었던

셈이다.

1945년 광복 이전에 우리 민족이 만들어 타던 배는 모두 무동력 선이었다. 동력선은 일본인이 만든 배, 또는 일본의 침략과 함께 들어온 서양의 배였으니 말이다. 그러면 과거에 우리는 어떤 배를 탔을까?

대표적인 배가 '나룻배'다.

● 나룻배 :

① 나루와 나루 사이를 오가며 사람이나 짐 따위를 실어 나르는 작은 배. ≒도선, 진선, 진항.

  예) 나룻배 사공. / 나룻배를 타고 강을 건너다.

② 큰 배가 닿기 어려운 작은 나루에서 사람이나 짐 따위를 큰 배까지 옮겨 싣는 작은 배.

사전에 나와 있듯이 나룻배는 형태가 아닌 용도에 따라 분류한 배의 일종이다.

● 나루 : 강이나 내, 또는 좁은 바닷목에서 배가 건너다니는 일정한 곳.

'나루'는 작은 무동력선이 오가며 사람이나 물건을 건넬 수 있는 포구(浦口)인 셈이다. 그렇다면 나룻배로 쓰는 배는 어떤 것이 있을까?

'갯배'는 나룻배처럼 짧은 거리 또는 좁은 강을 건너는 데 사용하던 배였다.

● 갯배 : 갯가에서 물을 건너기 위하여 만든 작은 배.

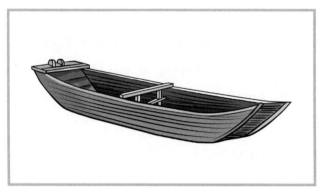

↑ 거룻배. 갑판이 없으며 뱃머리가 좀 더 좁고 배꼬리가 좀 더 넓은 것이 특징이다.

- 거룻배 : 돛이 없는 작은 배. ≒거루, 소선.
  예) 강가에 거룻배를 띄우다. / 기선에서 거룻배로 옮겨 타다.

　나룻배의 대표적인 배가 '거룻배'로, 돛이 없어서 사람이 노를 저어 움직여야 했다. 게다가 배도 크지 않아 혼자 노를 저어야 했으니, 먼 거리를 오가기는 힘들었을 것이다.
　거룻배와 비슷한 배는 또 있었다.

- 마상이 :
  ① 거룻배처럼 노를 젓는 작은 배.
  ② 통나무를 파서 만든 작은 배.

　한편 '돛'은 동력이 없던 배에 바람이라는 동력을 전해 준 놀라운 발명품이었다.

- 돛 : 배 바닥에 세운 기둥에 매어 펴 올리고 내리고 할 수 있도록 만든

넓은 천. 바람을 받아 배를 가게 한다.

- 돛단배 : 돛을 단 배. ≒돛배, 범선.

배에 돛을 달면서 배는 먼 거리를 훨씬 적은 힘으로 갈 수 있었다. 화석연료를 사용하는 동력원 없이 콜럼버스가 대서양을 건너고, 마젤란이 세계 일주를 할 수 있었던 것은 모두 배에 돛을 달았기 때문이었다.

고대 한반도에 있던 삼국 가운데 배 만드는 기술이 가장 뛰어난 나라는 백제로 알려져 있다. 중국과 일본 사이에 위치할 뿐 아니라, 많은 섬과 긴 해안선을 가지고 있었기 때문일 것이다.

한성백제박물관에서는 백제 때 사용하던 배를 복원해서 전시하고 있는데, 길이가 10m가 넘고 돛이 있다. 따라서 이 배는 거룻배와는 달리 바람이라는 동력을 이용한 셈이다.

- 당도리 : 바다로 다니는 큰 목조선. ≒당도리선.

고유어인 '당도리'는 과거 기준으로는 큰 배로, 돛을 이용하였다.

- 강선(江船) : 강에서 쓰는 배. 배의 밑이 평평하게 되어 있다. =강배.

'강선'은 강에서 오가는 배이니만큼 크기가 크지 않았다.

- 야거리 : 돛대가 하나 달린 작은 배.

'야거리'는 한자로 '해선(海船)'이라고 한다. 바다에서 오가는 배인

↑ 야거리. 돛대가 몇 개냐에 따라 한 개면 '외대박이', 두 개면 '두대박이', 세 개면 '세대박이'라 했
는데, 외대박이의 대표적인 배가 바로 야거리이다.

셈이다. 당도리보다는 작지만 돛이 있으니 거룻배나 강선보다는 규
모가 있는 셈이다.

- 늘배 : 예전에, 강에서 짐을 나르는 데 쓰던 돛단배.

그 밖에 가장 간단한 형태의 '쪽배'(통나무배), '뗏목'도 있다.
한편, 지금까지 살펴본 배와는 다른 전선(戰船)도 있다. 그 가운데
가장 유명한 것은 두말할 나위 없이 '거북선'이다.

- 거북선(거북船) : 임진왜란 때 이순신이 만들어 왜군을 무찌르는 데 크
  게 이바지한 거북 모양의 철갑선. 세계 최초의 철갑선으로, 등에는 창
  검과 송곳을 꽂아 적이 오르지 못하게 하였고, 앞머리와 옆구리 사방
  에는 화포를 설치하였다. ≒귀선(龜船).

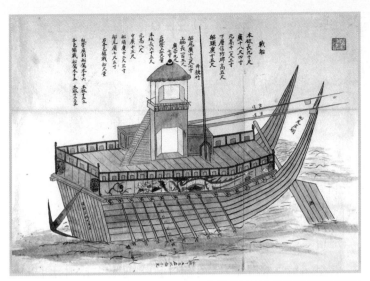

↑《각선도본(各船圖本)》에 실려 있는 판옥선. 1555년(명종 10)에 개발되어 37년 후 일어난 임진왜란에서 맹활약했다.

그러나 임진왜란 당시 가장 많이 사용한 배는 따로 있다.

● 판옥선(板屋船) : 조선시대에, 널빤지로 지붕을 덮은 전투선(戰鬪船). 명종 때 개발한 것으로, 임진왜란 때에 크게 활약하였다.

'판옥선(板屋船, 널빤지 판, 집 옥, 배 선)'은 '널빤지 위에 집을 지은 전투선'인 셈이다. 그림에서 볼 수 있듯이 지휘관이 사방을 둘러볼 수 있도록 작은 집을 세운 배로, 임진왜란 때 이순신 장군이 하신 말씀, "신에게는 아직 열두 척의 배가 남아 있습니다."는 "열두 척의 (거북선이 아니라) 판옥선이 남아 있습니다."라는 말이었다.

고와 이

22

우리말 가운데는 전통사회에서 사용하던 표현이 많다. 그런데 시대가 변하면서 쓰임새가 점차 줄어, 이제는 그 뜻을 아는 사람이 드물다.

그런 표현은 농사와 관련된 것이 많다. 당연하다. 백성의 90%가 농경에 종사하던 시대를 지나, 지금은 시민의 10%도 채 되지 않는 이들만 농사를 지으며 살아가니 말이다.

'고랑'이라는 말도 그 가운데 하나다.

- 고랑 :

  ① 「명사」 두둑한 땅과 땅 사이에 길고 좁게 들어간 곳을 '이랑'에 상대하여 이르는 말. ≒묘구.

  예) 고랑이 파이다. / 밭 사이로 고랑을 내다.

  ② 「의존 명사」 밭 따위를 세는 단위.

  예) 보리밭 한 고랑을 매다.

  속담) 고랑도 이랑 될 날 있다 : 몹시 고생을 하는 삶도 좋은 운수가 터질 날이 있다는 말.

고랑은 밭의 불룩한 부분들의 사이를 가리킨다. 농촌에서는 지금도 사용하지만, 도시에 뿌리내리고 살아가는 현대인들은 접하기 어려운 표현이다.

그렇다면 '고랑'은 위 속담에 나오는 '이랑'과 어떻게 다를까?

● 이랑 :

① 논이나 밭을 갈아 골을 타서 두두룩하게 흙을 쌓아 만든 곳. =
두둑.

② 갈아 놓은 밭의 한 두둑과 한 고랑을 아울러 이르는 말.

예) 어느 논두렁의 청대콩이 가장 진미이며 어느 이랑의 감자가 제
일 굵다는 것을 알 수 있다.(이효석,《들》)

아시겠는가?

고랑은 '이랑과 이랑 사이의 움푹 들어간 곳'을 가리킨다. 반면 이
랑은 '고랑과 고랑 사이의 불룩한 곳(두둑)'을 가리키기도 하고, '두둑
+고랑'을 동시에 가리키기도 한다.

이렇게 복잡하니 도시에 거주하는 사람들이 알기 어려운 것도 당
연하다.

'이'가 들어가는 표현과 '고'가 들어가는 표현이 대비를 이루는 단
어는 또 있다.

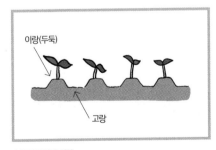

↑ 밭의 고랑과 이랑.

↑ 소형 목선의 고물과 이물.

● 고물 : 배의 뒷부분. ≒꽁지부리, 뱃고물, 선로, 선미.

● 이물 : 배의 앞부분. ≒선두, 선수.

‘이물’은 배의 앞부분으로 ‘뱃머리’, ‘고물’은 배의 뒷부분으로 ‘배꼬리’라고도 한다.

그 외에 ‘고섶’이라는 표현도 있다.

● 고섶 : 가장 손쉽게 찾을 수 있는 맨 앞쪽.

그러나 이 단어에 대비되는 ‘이섶’이라는 단어는 없다.

단속곳, 속속곳, 다리속곳

23

속옷은 겉옷에 대비되는 옷이다.

- 속옷 : 겉옷의 안쪽에 몸에 직접 닿게 입는 옷.
- 겉옷 : 겉에 입는 옷.

매우 자주 사용하는 단어라서, 사전을 찾아 무슨 뜻인지 살펴보는 사람도 거의 없다.

그런데 오늘날 속옷, 특히 진짜 '몸에 직접 닿게 입는 옷' 가운데 '고유어로 된 옷'이 무엇인지 떠올려 보니… 없다.

팬티? 브래지어? 드로즈? 케미솔? 러닝? 러닝셔츠?

정체불명에 어느 나라 말인지도 모를 표기가 난무할 뿐이다.

그러고 보니 의문이 생긴다.

'혹시 우리나라 사람들은 속옷을 입지 않고 산 건 아닐까? 그러니 속옷 명칭이 없는 게 아닐까?'

'우리가 오랫동안 문화적으로 얕보았던 일본인들도 '훈도시'*라는 속옷 비슷한 걸 입었다던데….'

---

* 일본에서 남자의 국소를 가리는 데 쓰는 좁고 긴 천. 남녀를 불문하고 입던 일본 전통 속옷을 가리키기도 한다.

그럴 리가 없다. 우리 겨레야말로 오랜 전통문화를 보유하고 있을 뿐 아니라 예의를 숭상하는 민족 아니던가! 그러니 추운 계절에는 방한용으로, 더운 계절에는 땀받이용으로, 또 겉옷의 맵시를 내기 위해, 마지막으로 맨몸을 함부로 드러내지 않는 예절용으로, 다양한 역할을 하는 속옷을 입지 않았을 리가 없다.

우리 속옷은 상의와 하의로 나눌 수 있고, 남성용과 여성용으로도 나눌 수 있다.

먼저 상의다.

● 속적삼 : 저고리나 적삼 속에 껴입는 적삼. 저고리에 땀이 배지 않게 하기 위하여 입는다.

예) 십 리 길을 단숨에 뛰어왔더니 속적삼이 온통 땀으로 젖었다.

반대말) 겉적삼.

적삼은 속옷인 속적삼 외에 겉옷에도 몇 종류가 있다.

● 적삼 : 윗도리에 입는 홑옷. 모양은 저고리와 같다. ≒단삼.

↑ 모시로 지은 속적삼. 어깨와 양 겨드랑이에 바대(홑적삼이나 고의 따위의 잘 해지는 곳에 안으로 덧대는 헝겊 조각)를 대었다.

- 겉적삼 : 적삼을 껴입을 때 맨 겉에 입는 적삼.
- 고의적삼 : 여름에 입는 홑바지와 저고리.

  예) 인동이는 옥양목 고의적삼에 모시 두루마기를 해 입고 신부는 비
  단으로 흰옷을 해 입었다.(이기영,《고향》)

적삼은 분명 한자에서 유래한 단어일 텐데, 사전에는 표기되어 있
지 않다. '삼(衫, 적삼 삼)'이라는 한자가 있으니 '적+삼'이 분명하다.

남자들은 날씨에 따라 적삼 하나만 입기도 했겠지만, 여자는 속적
삼 위에 저고리를 겹쳐 입었다. 지체 있는 가문의 여자라면 겉저고
리, 안저고리, 속저고리도 입었다고 한다.

- 저고리 : 한복 윗옷의 하나. 길, 소매, 섶, 깃, 동정, 고름, 끝동, 회장
  따위가 갖추어져 있다. 겹저고리와 핫저고리가 있다.
- 겹저고리 : 솜을 두지 않고 거죽과 안을 맞추어 지은 저고리.
- 핫저고리 : 안에 솜을 두어 만든 저고리. =솜저고리.
- 가리개용 허리띠 : 조선 후기에 저고리 길이가 짧아지자, 저고리와
  치마 사이의 겨드랑이를 가리기 위하여 생겨났다. 옷을 입기 전에 맨

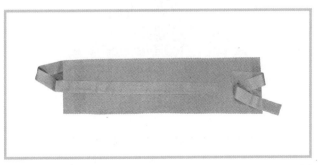

↑ 영친왕의 비(妃) 이방자 여사가 착용했던 것으로 전하는 가리개용 허리띠. '가슴가리개' 또는 '가
슴싸개'라고도 부른다.

살의 겨드랑이 밑으로 바짝 치켜서 가슴을 납작하게 졸라 매었다. 겹·
누비 혹은 솜을 두어 추위를 막기도 하였다.*

'가리개용 허리띠'는 오늘날의 브래지어 역할을 한 것인데, 한복
저고리 길이가 줄면서 저고리와 치마 사이가 드러나자 사용하기 시
작했다고 한다.

이번에는 하의다. 남자 하의는 간단하다.

- 잠방이 : 가랑이가 무릎까지 내려오도록 짧게 만든 홑바지.
- 고의 : 남자의 여름 홑바지. 한자를 빌려 '袴衣'로 적기도 한다. ≒
  중의.

남자 하의는 잠방이건 고의건 하나만 입은 듯하다. 물론 지체 높
은 분들은 그럴 리 없었겠지만.

그렇다면 여자는? 꽤나 복잡하다.

↑ 삼베로 지은 잠방이. 넓은 폭이 바짓부리(바짓가랑이의 끝부분)로 갈수록 좁아진다.

---

* 《민족문화대백과사전》, '속옷' 항목.

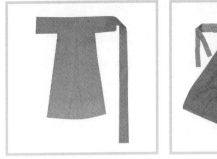

↑ (위 왼쪽부터 시계방향으로) 다리속곳, 속속곳, 단속곳, 고쟁이. 모두 말기(치마나 바지 따위의 맨 위에 둘러서 댄 부분)에 허리끈이 달려 있는 게 공통적이다. 바짓부리가 단속곳은 넓고, 고쟁이는 좁으며, 속속곳은 바지통(바짓가랑이의 너비)이 직선형이다.

- 다리속곳 : 조선시대에, 치마의 가장 안쪽에 받쳐 입던 작은 속옷.
- 속속곳 : 예전에, 여자들이 입던 아랫도리 속옷 가운데 맨 속에 입는 것. 다리통이 넓은 바지 모양이다.

다리속곳이 오늘날의 팬티고, 속속곳은 속치마쯤 되는 셈이다.

- 고쟁이 : 한복에 입는 여자 속옷의 하나. 속속곳 위, 단속곳 밑에 입는 아래 속곳으로, 통이 넓지만 발목 부분으로 내려가면서 좁아지고 밑을 여미도록 되어 있다. 여름에 많이 입으며 무명, 베, 모시 따위를 홑으로 박아 짓는다.

예) 할머니께서는 치마 안에 고쟁이를 입으셨다.

● 속바지 : 내의처럼 바지나 치마 속에 껴입는 바지.

● 단속곳 : 여자 속옷의 하나. 양 가랑이가 넓고 밑이 막혀 있으며 흔히 속바지 위에 덧입고 그 위에 치마를 입는다.

예) 치마 밑에 단속곳을 받쳐 입다.

즉 여자들은 하의 속옷으로 '다리속곳－속속곳－고쟁이－속바지－ 단속곳－치마' 순으로 입은 듯한데, 매일 그렇게 입었을 리는 없다. 지체 낮은 여인네들 역시 이렇게 복잡하게 입었을 것 같지는 않다. 한편 '속곳'이라는 말은 "속속곳과 단속곳을 통틀어 이르는 말" 이다.

● 속곳 벗고 은가락지 낀다 : 격에 맞지 아니한 짓을 하는 경우를 비유 적으로 이르는 말. ＝적삼 벗고 은가락지 낀다.

● 속곳 벗고 함지박에 들었다 : 속곳 벗고 알몸이 된 채 몸뚱이 하나 가 릴 수 없는 함지박 속에 뛰어들었다는 뜻으로, 옴짝달싹 못 하고 낭패 를 보게 됨을 비유적으로 이르는 말.

위 속담들을 살펴보면 '곳'이 '옷'을 뜻하는 듯한데, 사전에 그런 뜻은 없다.

늘 헷갈리는 말

장사하는 장수

생활 속에서 혼동하며 사용하는 단어가 많은데, 그 가운데 하나가 장사와 장수다.

'장사'라는 단어는 무척 다양하다. "몸이 우람하고 힘이 센 사람"을 '장사(壯士)'라고 하는 것은 모두 아는 사실이다. "죽은 사람을 땅에 묻는 일"도 '장사(葬事)'라고 한다.

그 외에도 사전을 보면 장사에는 열 가지가 넘는 뜻이 있다. 그 가운데 고유어는 오직 한 가지다.

- 장사 : 이익을 얻으려고 물건을 사서 팖. 또는 그런 일.
  예) 장사 밑천. / 장사가 잘되다.

그렇다면 '장수'는 어떨까?

'장수'에는 더 많은 뜻이 있다. "오래도록 삶"이라는 뜻의 '장수(長壽)'는 물론이고 "군사를 거느리는 우두머리"를 뜻하는 '장수(將帥)'는 모르는 사람이 없을 것이다.

그런데 '장수' 역시 고유어로는 이렇게 쓰일 뿐이다.

- 장수 :
  ① 장사하는 사람.

예) 사과 장수. / 호떡 장수.

②소 장수들의 은어로, 천 냥을 이르던 말.

두 가지 뜻 가운데 두 번째 뜻은 오늘날 사용하지 않으니, 첫 번째 뜻으로만 쓰는 셈이다.

하나 더 기억할 것은 '장사치'라는 표현이다.

● 장사치 : 장사하는 사람을 낮잡아 이르는 말. ≒상고배, 상로배, 장사
꾼, 흥정바치.

'장사'에 "사람을 낮잡아 이르는 말"인 의존명사 '-치'를 붙인 표현이다.

그렇다면 고유어 장사와 장수의 차이는? '장사'는 사고파는 행위를 가리키고, '장수'는 그 행위를 하는 상인을 가리킨다. 그러니 두 단어는 전혀 다른 셈이다. 그런데도 많은 사람이 두 단어를 혼동해서 사용한다. 사전을 보아도 '장사'가 '장수'의 잘못된 용법이라고 표기하고 있다.

한편 장수 가운데는 이런 종류도 있다.

● 보부상(褓負商) : 봇짐장수와 등짐장수를 통틀어 이르는 말. 부상(負
商)은 삼국시대 이전에, 보상(褓商)은 신라 때부터 있었는데, 상호 간에
규율, 예절, 상호 부조의 정신이 아주 강하였으며, 조선시대부터 활발
한 활동을 전개하여 나라가 위급할 때마다 식량을 조달하는 따위의 많
은 일을 하였다.

'보부상(褓負商, 포대기 보, 짐 질 부, 장사 상)'은 한자 뜻만 보면 보자기에 물건을 싸서 메고 다니며 파는 봇짐 상인과 등에 짐을 메고 다니며 파는 등짐 상인을 두루 포함한다.

- 외목장수 : 저 혼자 독차지하여 장사를 하는 사람.
- 외목장사 : 저 혼자 독차지하여 장사를 함.
- 외목장사하다 : 저 혼자 독차지하여 장사를 하다.

썩 좋은 뜻은 아닌 듯한데, '외목'은 무슨 뜻일까?

- 외목 :
  ① 여러 갈래의 길이 모여 외길로 접어들게 된 어귀. =외길목.
  ② 저 혼자 독차지하여 장사를 함. 또는 그 장사. =외목장사.

이렇게 두 가지 뜻이 있다.
장수 가운데 한 번 들으면 잊을 수 없는 장사치도 있다.

- 독장수 : 독을 파는 일을 직업으로 하는 사람.
- 독 : 간장, 술, 김치 따위를 담가 두는 데에 쓰는 큰 오지그릇이나 질그릇.

요즘은 독을 파는 장사치, 즉 독장수가 거의 없다. 모두 아파트 생활을 하고, 간장과 술을 담가 먹는 사람도 거의 없으며, 김치 역시 독이 아니라 김치냉장고 따위에 보관하기 때문이다. 그러나 예전에는 독장수가 매우 중요했다. 집집마다 '장독(醬독)'(간장, 된장, 고추장 따위를 담아 두거나 담그는 독) 없는 집이 거의 없었으니 말이다.

　그런데 독장수들은 국어사전에서, 아니 우리 전통사회에서 부당한 대우를 받은 듯하다. 다음 표현을 보면 말이다.

● 독장수구구(독장수九九) : 실현 가능성이 없는 허황된 계산을 하거나 헛수고로 애만 씀을 이르는 말. 옛날에, 옹기장수가 길에서 독을 쓰고 자다가, 꿈에 큰 부자가 되어 좋아서 뛰는 바람에 꿈을 깨고 보니 독이 깨졌더라는 이야기에서 유래한다. ＝독장수셈.
　속담) 독장수구구는 독만 깨뜨린다 : 실현성이 없는 허황된 계산은 도리어 손해만 가져온다는 말.

　허황된 계산을 하는 사람이 어찌 독장수뿐이었겠는가. 그런데 이런 표현과 속담이 있는 걸 보면, 특별한 운송수단도 없이 지게에 힘겹게 무거운 독 두세 개를 지고 다니며 파는 독장수에 대한 평가가 너무 박했던 것 아닌가 하는 생각이 든다.

구렛나루? 구레나룻!

25

귀밑에서 턱까지 잇따라 난 수염을 가리켜 '구레나룻'이라고 한다. 글을 좀 다루는(쓰거나 읽거나 고치거나) 이라면, 이 표현을 '구렛나루'로 잘못 읽고 잘못 쓸 수 있음을 매우 잘 알고 있다. 그러다 보니 이 표현만 나오면 집중해서 '구레나룻'으로 쓴다. 그렇게 주의를 기울이는 덕분에 책 속에서 '구렛나루'로 잘못 쓴 경우는 거의 없다. 그러나 생활 속에서는 이를 '구렛나루'로 읽는 사람이 태반이다. '구레나룻'으로 읽어 보면 알겠지만 발음이 상당히 어렵다. 그러니 틀리기 십상이다.

구레나룻이라는 어려운 표현은 어떻게 탄생했을까?

'구레나룻'은 '구레+나룻'이 어원인데, '나룻'이 변해서 '나룻'이 되었다.

- 구레 : 지대가 낮아서 물이 늘 괴어 있는 땅.
- 나룻 : 성숙한 남자의 입 주변이나 턱 또는 뺨에 나는 털. =수염.

구레나룻은 '얼굴 아래쪽에 나는 수염'인 셈이다. 이렇게 오래된 고유어일 뿐 아니라 어원까지 분명하니 '구렛나루'로 쓸 수는 없는 일이다. 게다가 더욱 중요한 사실이 있으니 우리가 늘 쓰는 '수염(鬚髥, 수염 수, 구레나룻 염)'은 한자요, 수염의 고유어가 바로 '나룻'이기

때문이다. 따라서 고유어를 살려 쓰려면 오늘부터 당장 "나룻을 잘
라야지."라거나, "나룻이 너무 기니까 지저분해 보이네."같이 쓰자.

다시 나룻, 아니 수염으로 돌아가자.

그렇다면 다른 곳에 나는 수염을 가리키는 표현은 없을까? 있다.

우선 살펴볼 것이 '가잠나룻'이다.

- 가잠나룻 : 짧고 성기게 난 구레나룻.

가잠나룻은 구레나룻의 일종인 셈이다. '가잠'의 사전 뜻은 '집에
서 치는 누에'니, 가잠나룻과는 관련이 없다. 따라서 가잠나룻은 독
립적으로 탄생한 단어라고 보아야 할 것이다.

- 다박나룻 : 다보록하게 난 짧은 수염. ＝다박수염.
- 다보록하다 :
  ① 풀이나 작은 나무 따위가 탐스럽게 소복하다.
  ② 수염이나 머리털 따위가 짧고 촘촘하게 많이 나서 소담하다.

'다박나룻'은 짧은 수염이 꽤나 많이 난 모양을 가리킨다.

또 다른 수염인 '답삭나룻'과 '텁석나룻'도 다박나룻과 크게 다르
지 않다.

- 답삭나룻 : 짧고 다보록하게 난 수염.
- 텁석나룻 : 짧고 더부룩하게 많이 난 수염.

문학작품을 읽다 보면 '텁석부리 영감'이라는 재미있는 표현을 만

나는데, '텁석부리'는 "텁석나룻이 난 사람을 놀림조로 이르는 말"
이다.

그 외에도 수염 종류는 무척 많다.

- 모지랑수염 : 볼품없이 짤막하게 난 수염. ＝몽당수염.

- 쪼막수염 : 코 밑에만 조금 남긴 채 짧게 자른 수염.

- 가재수염 : 윗수염이 양옆으로 뻗은 수염을 비유적으로 이르는 말.

'가재수염'은 '팔자수염'(코 밑에 '八' 자 모양으로 난 수염)과 흡사할
듯하다.

- 괴수염 : 고양이 수염처럼 생긴 사람의 수염을 놀림조로 이르는 말.

- 나비수염 : 양쪽으로 갈라 위로 꼬부라지게 한 콧수염.

- 메기수염 : 메기의 수염처럼 몇 오라기만 양쪽으로 길게 기른 수염.

- 물개수염 : 몹시 빳빳하고 매우 듬성듬성하게 난 수염을 비유적으로
이르는 말.

- 염소수염 : 염소의 턱에 난 수염이라는 뜻으로, 숱이 적고 길이가 별
로 길지 아니한 턱수염을 이르는 말.

사단이냐, 사달이냐

26

"시작부터 갈등이 끊이지 않더니 결국 (사단/사달)이 났구나."

위 문장에서 맞는 단어는 무엇일까?

답을 (맞히기/맞추기) 전에 (사단/사달)이 고유어인지 한자어인지부터 확인해 보자.

그러나 그 전에 답을 '맞힐까', '맞출까'부터 알아보아야겠다. 답을 어떻게 하는 것이 옳을까?

정답은 '맞히다'이다.

'맞추다'라고 아는 사람이 꽤 많을 것이다. 그런데 이를 완전히 틀렸다고 보기는 어렵다.

● 맞추다 :

① 서로 떨어져 있는 부분을 제자리에 맞게 대어 붙이다.

② 둘 이상의 일정한 대상들을 나란히 놓고 비교하여 살피다.

　예) 시험이 끝나면 아이들은 서로 답을 맞추어 보느라고 정신이 없었다.

③ 서로 어긋남이 없이 조화를 이루다.

　예) 다른 부서와 보조를 맞추다.

④ 어떤 기준이나 정도에 어긋나지 아니하게 하다.

예) 시간에 맞추어 전화를 하다.

⑤ 어떤 기준에 틀리거나 어긋남이 없이 조정하다.

예) 주파수를 지역 방송에 맞추다.

⑥ 일정한 수량이 되게 하다.

예) 화투짝을 맞추다.

⑦ 열이나 차례 따위에 똑바르게 하다.

예) 줄을 맞추다.

⑧ 일정한 규격의 물건을 만들도록 미리 주문을 하다.

예) 구두를 맞추다.

'맞추다'에는 워낙 다양한 뜻이 있는데, 다 살펴보지 않는다 해도 ②의 예문을 보면 '정답을 맞추다'가 맞는 듯하다.

그러나 이때의 '맞추다'는 '옳고 그름을 확인하다'라는 뜻이 아니라, '이것과 저것을 비교해 보다'라는 뜻이다. 그러므로 '정답을 맞추다'는 틀린 표현이다.

'맞히다'는 '맞+히+다'로 된 표현이다. 이때 '맞다'는 "문제에 대한 답이 틀리지 아니하다"라는 뜻의 동사다. 그래서 "3번이 맞다." 라고 쓰고, '맞다'의 사동형은 사동의 뜻을 더하는 접미사 '-히-'를 붙여 쓰는 것이다.

다음으로, '사단'과 '사달' 가운데 맞는 것은 고유어 '사달'이다.

● 사달 : 사고나 탈.

예) 일이 꺼림칙하게 되어 가더니만 결국 사달이 났다.

반면 사단에는 여러 뜻이 있지만 모두 한자어다. 단 하나 외국어가 있는데, 기독교에서 악(惡)을 가리키는 사단이다.

- 사단(←Satan) : 적대자라는 뜻으로, 하나님과 대립하여 존재하는 악
(惡)을 인격화하여 이르는 말. =사탄.

실제로는 '사탄'을 주로 쓰고 '사단'은 거의 쓰지 않는다. 따라서
'사단'은 모두 한자어라고 보아도 무방하다.

가뭄과 가물

27

"오랫동안 계속하여 비가 내리지 않아 메마른 날씨"를 가리켜 '가뭄' 이라고 하는 것은 대부분 알 것이다. 가뭄은 고유어인데, '한발(旱魃)'이라는 한자어도 뜻이 비슷하다.

● 한발(旱魃) :

① 가뭄을 맡고 있다는 귀신.

② 심한 가뭄.

예) 봄부터 시작된 한발로 풍년을 바랄 수 없다.

'한발(旱魃, 가물 한, 가물귀신 발)'은 첫 번째 뜻보다는 두 번째 뜻, 즉 일반적인 가뭄보다 심한 가뭄을 가리키는데, 최근에는 한자어 라서 그런지 잘 쓰지 않는다. 그러나 20세기 자료를 보려면 이 단 어를 꼭 알아야 한다. 그 무렵에는 신문이나 자료 등에서 자주 사 용했으니까.

한발은 고유어로 '불가물'이라고 한다. 불처럼 타는 가뭄인 셈이 다. 그런데 왜 '불가뭄'이 아니라 '불가물'이라고 했을까?

● 가물 : 오랫동안 계속하여 비가 내리지 않아 메마른 날씨. =가뭄.

가물 역시 가뭄과 같은 뜻이다. 그래서 불가물이라고 한 것인데, '불가뭄'이라는 표현은 없다.

가뭄의 어원을 보면 '가물＋ㅁ'이다. 그러니 가뭄보다 가물이 먼저인 셈이다. 가물은 농사를 주업으로 삼아 온 과거에 사람들의 삶을 좌우한 중요한 기상 현상이었다. 그래서 이와 관련한 속담이 상당히 많다.

- 가물 그루터기는 있어도 장마 그루터기는 없다 : 가뭄은 아무리 심하여도 얼마간의 거둘 것이 있지만 큰 장마가 진 뒤에는 아무것도 거둘 것이 없다는 뜻으로, 가뭄에 의한 재난보다 장마로 인한 재난이 더 무서움을 비유적으로 이르는 말. ＝가물 끝은 있어도 장마 끝은 없다.
- 가물에 단비 : 가뭄이 들어 곡식이 다 마를 때에 기다리던 비가 온다는 뜻으로, 기다리고 바라던 일이 마침내 이루어짐을 이르는 말.
- 가물에 돌 친다 : 물이 없는 가뭄에 도랑을 미리 쳐서 물길을 낸다는 뜻으로, 무슨 일이든지 사전에 미리 준비를 해야 함을 비유적으로 이르는 말.
- 가물에 콩(씨) 나듯 : 가뭄에는 심은 콩이 제대로 싹이 트지 못하여 드문드문 난다는 뜻으로, 어떤 일이나 물건이 어쩌다 하나씩 드문드문 있는 경우를 비유적으로 이르는 말.
- 가물콩 장마콩 한다 : 이렇다 저렇다 참견한다는 뜻으로 빗대어 이르는 말.(이하 정종진,《한국의 속담 대사전》)
- 가뭄 끝에 소나기 맞듯 : 간절히 원하던 것을 한꺼번에 실컷 얻게 되었다는 뜻으로 빗대는 말.
- 가뭄에는 말 오줌도 먹는다 : 형편이 궁하게 되면 이것 저것 가릴 것이 없게 된다는 뜻으로 빗대는 말.

- 가뭄에 바가지 물 : 어떤 일에 큰 도움이 되지 못한다는 뜻으로 빗대는 말.

물론 속담만 있는 건 아니다. 생활 속에서 자주 사용하는 단어 역시 많다. 그 가운데 몇 개만 살펴보자.

- 가뭄난 : 오랫동안 계속하여 비가 내리지 않아 겪는 어려움.
- 가뭄더위 : 여름철에 가뭄으로 더 덥게 느껴지는 더위.
- 가뭄못자리 : 가뭄에 겨우 물을 실어 만든 못자리.
- 왕가뭄 : 아주 심한 가뭄.
- 찔레꽃가뭄 : 모내기 철이자 찔레꽃이 한창 필 무렵인 음력 5월에 드는 가뭄.
- 눈 가뭄 : 겨울철에 오랫동안 계속하여 눈이 오지 않는 날씨.*
- 달러 가뭄 : 달러가 부족한 현상을 비유적으로 이르는 말.

달러가 부족한 현상을 '달러 가뭄'이라고 하듯이, 자금이 없으면 '돈 가뭄', 선수가 없으면 '선수 가뭄', 축구·농구 경기 등에서 좀처럼 슛이 나오지 않으면 '슛 가뭄'이라고 하는데, 이런 표현들도 국립국어원 '우리말샘'에 나온다.

---

* 이하 국립국어원 '우리말샘'.

번개와 천둥, 벼락과 낙뢰

28

자연에서 일어나는 현상의 원리를 알 수 없었던 고대인들은 평상시에 없던 특이한 현상이 일어나면 당연히 두려움에 떨 수밖에 없었다.

수십만 년 전, 그러니까 네안데르탈인이 처음 지구상에 등장했을 무렵에는 비나 눈만 내려도 "이게 무슨 일이지?" 하고 놀랐을 것이다. 한편 비가 오면 식물이 무럭무럭 자라는 모습을 보면서 비가 고마운 존재임도 깨달았을 것이다.

그렇지만 아무리 시간이 지나고 자주 보아도 익숙하지 않은 현상도 있었다. 대표적인 것이 지진일 텐데, 오늘날 과학으로 무장한 현대인들도 지진 앞에서는 속수무책이다. 그러나 지진은 세계 모든 곳에서 일상적으로 발생하지는 않는다. 그래서 지진의 두려움을 체감하는 사람들의 수는 제한적이다.

반면에 지구상 곳곳에서 거의 매일 일어나는 두려운 자연현상으로 번개와 천둥이 있다.

번개는 1년에도 여러 번 경험하지만, 번개 칠 때마다 두렵고 깜짝 놀라는 것은 변치 않는다. 실제로 번개로 사고가 나고 인명 피해가 나기도 하니 그 두려움이 허황한 것만도 아니다.

그렇다면 번개는 무엇일까?

누군가는 물을 것이다. "번개가 뭔지 모르는 사람도 있나요?"

모르는 사람은 없을 것이다. 그렇다면 번개와 벼락, 낙뢰, 천둥, 벽력(霹靂)은 각각 어떻게 다른지 아는가?

번개가 친 다음에 천둥이 친다. 번개는 빛이고, 천둥은 번개가 부딪힐 때 나는 소리이다. 물리적으로 동시에 발생하는데, 번개는 빛의 속도로 우리 눈에 도달하고, 천둥은 소리의 속도로 우리 귀에 도달한다. 만일 약 2km 떨어진 곳에서 번개가 친다면 우리가 번개를 본 후 약 6초 후에 천둥소리를 듣게 된다.

그렇다면 벼락은? 또 낙뢰와 벽력은? 갑자기 머리가 혼란해진다.

- 번개 : 구름과 구름, 구름과 대지 사이에서 공중 전기의 방전이 일어나 번쩍이는 불꽃. ≒뇌편, 열결, 전정.
- 천둥 : 벼락이나 번개가 칠 때 대기가 요란하게 울림. 또는 그런 소리. ≒뇌거, 우레, 천고.
- 우레 : 벼락이나 번개가 칠 때 대기가 요란하게 울림. 또는 그런 소리. =천둥.

이 설명으로 번개와 천둥은 확실히 구분할 수 있다. 번개는 '번쩍'의 '번'과 '앞에 붙는 동사의 행위를 하는 간단한 도구'의 뜻을 더하여 명사로 만들어 주는 접미사 '-개'로 형성된 단어이기도 하다.

- 벼락 : 공중의 전기와 땅 위의 물체에 흐르는 전기 사이에 방전 작용으로 일어나는 자연현상. ≒벽력(霹靂).

이 설명을 보면 '벼락=벽력'임이 확실하다. 그렇다면 번개와 벼락의 차이는 무엇일까?

사전 설명에 따르면 번개는 '공중 전기의 방전이 일어나 번쩍이는 불꽃'이고, 벼락은 '방전 작용으로 일어나는 자연현상'이니, '번개＝벼락'인 듯하다.

맞다. 번개는 벼락이다. 그러나 두 가지 현상이 똑같은 것은 아니다. 벼락은 번개의 일종이지만, 번개가 곧 벼락은 아니다. 번개가 공중 전기의 방전으로 생기는 불꽃이라면, 그 번개 가운데 지상에 떨어져 영향을 주는 자연현상이 바로 '벼락' 또는 '낙뢰(落雷, 떨어질 낙, 우레 뢰)'다.

● 낙뢰(落雷) : 벼락이 떨어짐. 또는 그 벼락.

그래서 번개는 우리에게 두려움만 주지만, 벼락이나 낙뢰는 두려움과 함께 피해도 안겨 준다.

● 청천벽력(靑天霹靂) : 맑게 갠 하늘에서 치는 날벼락이라는 뜻으로, 뜻밖에 일어난 큰 변고나 사건을 비유적으로 이르는 말.

'마른하늘에 날벼락'이라는 뜻의 사자성어 '청천벽력'을 보면 이미 '일어난 큰 변고나 사건'을 가리킨다. 그저 하늘에서 번개가 친 정도가 아니라, 우리 삶에 큰 영향을 끼친 것이다.

그만큼 벼락은 특히 무서운 존재였다. 그래서 그런지 '벼락'이 들어가는 단어가 생각보다 많다.

● 벼락감투 : 아무런 자격도 없는 사람이 갑작스레 얻은 벼슬을 놀림조로 이르는 말.

● 벼락공부 : 평소에는 하지 않고 있다가 시험 때가 닥쳐서야 갑자기
서둘러 하는 공부.

● 벼락김치 : 무나 배추를 간장에 절여 당장 먹을 수 있도록 만든 김치.
≒급살김치, 급살저.

● 벼락돈 : 뜻하지 않게 갑작스레 많이 생긴 돈.

● 벼락령 : 갑자기 내리는 급한 명령.

● 벼락바람 : 갑자기 휘몰아치는 바람.

● 벼락부자 : 갑자기 된 부자.

● 벼락치기 : 임박하여 급히 서둘러 일을 하는 방식.

마지막으로 기억할 것이 있다. '천둥'의 또 다른 말인 '우레'가 규
범 표기이고, '우뢰'는 틀린 표기이다.

횡하건 휑하건

29

우리말 가운데는 같은 말에 전혀 다른 뜻이 담겨 있는 경우가 흔하다. 그 말이 널리 쓰이는 것이라면 혼란을 겪지 않는다. 그러나 잘 쓰지 않는 말이라면 누군가는 혼란을 겪을 수 있다.

'횡하다'라는 표현도 그에 속한다.

1. 그는 농사일에 대해서는 횡하다.
2. 길이 횡하다.
3. 집 안이 횡하다.

세 가지 예문의 뜻을 정확히 구분하는 사람이 다수이겠지만, 헷갈리는 이도 있을 것이다. 각각의 뜻은 이렇다.

1. 그는 농사일에 대해서는 막힘이 없이 다 잘 안다.
2. 길이 막힌 데 없이 시원하게 뚫려 있다.
3. 집 안이 비고 허전하다.

길이 횡할 때는 시원하게 뚫려 있는 모습인데, 집 안*이 횡할 때는

---

* '집 안'을 '집안'으로 붙여 써야 한다고 여기는 분도 있을 것이다. 그러나 '집안'은 "가족

비고 허전하다니, 이렇게 뜻이 다를 수 있나 싶다.

- 횅하다 :
  ① 무슨 일에나 막힘이 없이 다 잘 알아 매우 환하다.
  ② [1] 구멍 따위가 막힌 데 없이 매우 시원스럽게 뚫려 있다.
  　[2] 속이 비고 넓기만 하여 매우 허전하다. =횅댕그렇다.

'횅하다'에는 크게 두 가지 뜻이 있음을 알 수 있다. 추상적인 뜻을 갖는 ①과 형태를 나타내는 ②가 그것이다. 실생활에서 자주 쓰는 '횅댕그렇다'라는 표현은 형태를 나타낼 때만 사용한다.
　'횅하다'와 관련해서 하나 더 알아 두어야 할 단어가 '훵하다'이다.

- 훵하다 :
  ① 무슨 일에나 막힘이 없이 다 잘 알아 매우 환하다.
  ② [1] 구멍 따위가 막힌 데 없이 매우 시원스럽게 뚫려 있다.
  　[2] 속이 비고 넓기만 하여 매우 허전하다. =훵뎅그렇다.
  　[3] 눈이 쑥 들어가 보이고 정기가 없다.

　차이를 알겠는가? '훵하다'에는 "눈이 쑥 들어가 보이고 정기가 없다"라는 뜻이 더 있을 뿐, 나머지 뜻은 똑같다. 또 하나 차이는 '횅하다=횅댕그렇다'이고, '훵하다=훵뎅그렇다'라는 사실이다.

을 구성원으로 하여 살림을 꾸려 나가는 공동체. 또는 가까운 일가."를 가리킨다. '집안 어른', '집안 걱정'처럼 쓴다. 반면에 물리적인 집의 바깥에 대비되는 안을 가리킬 때는 '집 안'으로 띄어 써야 한다.

그러나 '횅하다＝휑하다＝횅댕그렁하다＝휑뎅그렁하다'이니까 결과적으로는 차이가 없다.

한편 실제로 "눈이 쑥 들어가 보이고 정기가 없다"라는 뜻으로는 '퀭하다'를 자주 쓴다.

● 퀭하다 : 눈이 쑥 들어가 크고 기운 없어 보이다.

예) 그는 고생이 심했는지 눈이 퀭하게 들어갔다. / 큰 병을 앓고 난 동생은 눈이 퀭하게 꺼지고 볼이 쑥 들어가서 마치 해골 같았다.

알로록달로록, 알록달록

30

우리말의 특징 가운데 하나가 준말이 많다는 것이다.

세계 언어를 다 살펴보지 못했으니 단언할 수는 없지만, 우리말은 특히 준말이 많다. 영어에도 준말이 없는 것은 아니지만, 우리말과 같은 준말과는 성격이 다른 듯하다.

그래서 영어 좀 배운 사람도 영어의 준말은 떠올리기가 쉽지 않다.

- 준말 : 단어의 일부분이 줄어든 것.
- 본딧말(本딧말) :

 ① 줄지 않은 본디 음절의 말. =본말.

 ② 변하기 전의 본디의 말. =원말.

줄기 전의 말은 본딧말이라고 하는데, '본(本)디+말'이다.*

본딧말에는 두 가지 뜻이 있다. 하나는 말 그대로 '줄기 전의 말'이고, 다른 하나는 '변하기 전의 말'로 '원말(原말)', 즉 '원래 말'이다.

준말은 대부분 본딧말의 일부가 줄어든 것이기 때문에 쉽게 쓸 수 있다.

---

* 이때 '본디'는 '본(本)+디'인데, 뜻은 '사물이 전하여 내려온 그 처음(명사)', '처음부터 또는 근본부터(부사)'이다.

- 산골짝＝산골짜기
- 하긴＝하기는
- 요즘＝요즈음
- 이즘＝이즈음
- 껴들다＝끼어들다

그런데 준말 가운데는 쉽지 않은 것도 있다. 실생활에서 많은 사람이 잘못 쓰는 이유다.

'얼마만큼'의 준말은 무엇일까? 많은 사람이 '얼만큼'이라고 할 것이다. "얼만큼 먹을 거니?" "네가 본 게 얼만큼 크디?" 이런 표현을 자주 듣는다. 그러나 틀린 표현이다.

- 얼마큼 : '얼마만큼'이 줄어든 말.

규범 표기는 '얼마큼'이다. 실제로는 좀처럼 듣기 힘든 표현이다. 다음 준말은 그 뜻을 아는 사람이 드물 것이다.

- 움치다 : '움츠리다'의 준말.

'옴치다'라는 표현도 있는데, '옴츠리다'의 준말이다. '옴치다'는 다음 관용구에 등장한다.

- 옴치고 뛸 수 없다 :
  ① 어쩔 도리가 없게 되다.
  ② 꼼짝할 수 없다.

예) 일이 너무 많아 옴치고 뛸 수도 없다.

다음 표현도 쉽게 생각하면 안 되는 것들이다.

- 엊저녁 : '어제저녁'의 준말.
- 엊그저께 : '어제그저께'의 준말. ＝엊그제.*
- 오랜만 : '오래간만'의 준말.
- 얘깃거리 : '이야깃거리'의 준말.
- 내딛다 : '내디디다'의 준말.

하지만 실생활에서 가장 자주 틀리는 준말은 이것이다.

- -지만 : '-지마는'의 준말.
  예) 그는 어렵게 살지만 얼굴에 그늘이 없다. / 생긴 건 우습지만 맛은
  있다.
- -더니만 : '-더니마는'의 준말.
- -건만 : '-건마는'의 준말.

위 표현들을 '말할' 때는 대부분 준말을 쓴다. "그는 어렵게 살지
마는 얼굴에 그늘이 없다."라고 말하는 사람을 찾기는 어렵다.

그런데 이 말을 글로 표현할 때 문제가 발생한다. 특히 텔레비전
화면에 자막을 쓰는 사람들의 한글 실력을 의심할 일이 비일비재하
게 일어난다.

---

* '엊그제'는 '바로 며칠 전'을 뜻하는 명사이자 '바로 며칠 전에'라는 뜻의 부사다.

'먹었지만은, 했지만은, 하더니만은, 했건만은' 같은 표기가 하루가 멀다 하고 등장하니 말이다. 모두 틀린 표현이다. '먹었지만(먹었지마는), 했지만(했지마는), 하더니만(하더니마는), 했건만(했건마는)'이 옳은 표기다.

그 외에도 준말은 다양하다. 생활 속에서 사용하는 준말은 무척 많은데, 그래서인지 준말인지 모르면서 사용하는 표현도 많다.

- 그나저나＝그러나저러나 : 그것은 그렇다 치고. 지금까지의 화제를 다른 데로 돌릴 때 쓴다.
- 넙데데하다＝너부데데하다 : 얼굴이 둥그스름하고 너부죽하다.
- 들쑤시다＝들이쑤시다 : 남을 가만히 있지 못하게 마구 들썩이다.
- 마루턱＝마루터기 : 산마루나 용마루 따위의 두드러진 턱.
- 숲＝수풀 : 나무들이 무성하게 우거지거나 꽉 들어찬 것.
- 얼쑤＝얼씨구 : 흥에 겨워서 떠들 때 가볍게 장단을 맞추며 내는 소리.
- 엇물리다＝어긋물리다 : 서로 어긋나게 물리다.
- 이죽거리다＝이기죽거리다 : 자꾸 밉살스럽게 지껄이며 짓궂게 빈정거리다.
- 덜컹＝덩커덩 : 크고 단단한 물건이 부딪쳐 울리는 소리.
- 득실득실＝득시글득시글 : 사람이나 동물 따위가 떼로 모여 어수선하게 자꾸 들끓는 모양. ≒왁실왁실＝왁시글왁시글.
- 알록달록＝알로록달로록 : 여러 가지 밝은 빛깔의 점이나 줄 따위가 조금 성기고 고르지 아니하게 무늬를 이룬 모양. ≒얼룩덜룩＝얼루룩덜루룩.
- 우글쭈글＝우그렁쭈그렁 : 여러 군데가 안쪽으로 우묵하게 들어가고 주름이 많이 지게 쭈그러진 모양.

그뿐이 아니다. '이런 준말도 있었나?' 싶은 경우도 있다.

- 갈=가을
- 결=겨울
- 간두다=그만두다
- 근데(건데)=그런데
- 글로=그리로
- 땜=때문

'그리로'의 준말이 '글로'인 것처럼, '이리로'는 '일로', '저리로'는 '절로', '조리로'는 '졸로'가 각각의 준말이다.

마지막으로 헷갈리는 준말도 있다.

- 도리어 : 예상이나 기대 또는 일반적인 생각과는 반대되거나 다르게.
- 오히려 : 일반적인 기준이나 예상, 짐작, 기대와는 전혀 반대가 되거나 다르게.

뜻도 비슷하고 형태도 비슷한 두 표현의 준말은 헷갈리기가 매우 쉽다.

'도리어'의 준말은 '되려'가 아니라 '되레'이고, '오히려'의 준말은 '외려'다.

개와 게

31

발음이 비슷해서 혼동을 일으키는 표현 가운데 하나가 같은 동물인 '개'와 '게'다.

개와 게는 활동하는 곳이나 생김새 따위가 워낙 달라서 그 자체만으로는 헷갈리지 않는다. 그런데 두 동물을 이용한 표현들을 쓸 때는 헷갈리는 사람들이 많다.

싸울 때 무는 거품이 '개거품'인지 '게거품'인지, 배고플 때 서둘러 먹는 모습이 '게 눈 감추듯'인지 '개 눈 감추듯'인지 혼동을 일으키기 쉽다.

- 게 : 십각목의 갑각류를 통틀어 이르는 말. 다섯 쌍의 발 중에 첫째 발은 집게발로 먹이를 잡는 데 쓰며 다른 네 쌍의 발은 헤엄치거나 걷는 데 쓴다. 바다와 민물에서 살며 독자적인 생활을 하는 경우가 대부분이나 조개, 해삼 따위에 기생하는 것도 있다. ≒방해(螃蟹).
- 십각목(十脚目) : 절지동물문 갑각강의 한 목. 머리와 가슴은 유합하여 두흉부를 이룬다. 갑각이 두흉부와 몸 양옆의 아가미를 덮고 있다. 가슴 양쪽에는 다섯 쌍의 다리가 있다. 새우, 게, 가재 따위가 있다.

십각목(十脚目)은 다리가 10개인 갑각류로, 새우, 게, 가재 따위가 이에 속한다.

게는 독특하게 옆으로 걷는데, 오래전부터 인간에게 매우 친숙한 동물이다. 바다는 물론이고 강에서도 쉽게 찾을 수 있기 때문이다. 그러다 보니 게가 들어가는 관용구나 속담도 많다.

[관용구]
● 게 눈 감추듯 : 음식을 허겁지겁 빨리 먹어 치움을 비유적으로 이르는 말.

[속담]
● 게도 구럭도 다 잃었다 : 게는 잡지도 못하고 가지고 갔던 구럭까지 잃었다는 뜻으로, 무슨 일을 하려다가 아무 소득도 얻지 못하고 도리어 손해만 봄을 이르는 말.
● 게도 구멍이 크면 죽는다 : 분수에 지나치면 도리어 화를 당하게 된다는 말.
● 게도 제 구멍이 아니면 들어가지 않는다 : 남의 영역을 함부로 침범하지 않는다는 말.
● 게 등에 소금 치기 : 아무리 해도 쓸데없는 짓을 이르는 말.
● 게 새끼는 나면서 집는다 :
　①타고난 천성과 본성은 어쩔 수 없다는 말.
　②본성이 흉악한 사람은 어려서부터 남을 해친다는 말.

한편 게의 독특한 행동에서 유래한 표현도 여럿 있다.

● 게거품 :
　①사람이나 동물이 몹시 괴롭거나 흥분했을 때 입에서 나오는 거품

같은 침.

② 게가 토하는 거품.

● 게걸음 : 게처럼 옆으로 걷는 걸음.

게가 워낙 우리에게 친숙한 동물이라서 당연한 듯 여기지만, 처음 게를 보았다면 무척 신기했을 게 분명하다. 옆으로 걷는 동물은 희귀하니 말이다. 그래서 '게걸음 치다' 같은 관용구도 생겨났다.

● 게걸음(을) 치다 :

① 옆으로 걸어 나가다.

　예) 그는 경찰이 한눈파는 사이에 게걸음을 쳐서 슬쩍 달아났다.

② 걸음이 몹시 느리거나 사업이 발전이 없다.

　예) 사업이 영 게걸음만 치고 있다.

● 게꽁지 : 지식이나 재주 따위가 아주 짧거나 보잘것없는 것을 비유적으로 이르는 말.

　예) 그 사람 지식이라는 것이 게꽁지만 하다.

'꽁지'는 '꼬리'와 다르다.

● 꽁지 :

① 새의 꽁무니에 붙은 깃. ≒미우.

　예) 공작이 꽁지를 폈다.

② 주로 기다란 물체나 몸통의 맨 끝부분.

　예) 강아지가 어미 꽁지에만 붙어 다닌다.

● 꼬리 : 동물의 꽁무니나 몸뚱이의 뒤 끝에 붙어서 조금 나와 있는 부

분. 짐승에 따라 조금씩 모양이 다르다.

위 뜻을 보면 알 수 있듯 '개 꼬리'*는 있어도 '게 꼬리'는 없다. 반면 '게 꽁지'는 있는 둥 마는 둥하다. 그래서 보잘것없는 것을 가리키는 '게꽁지'라는 표현이 생긴 것이다.

- 게딱지 :
  ① 게의 등딱지.
     예) 입맛 없을 때는 게딱지에 밥을 비벼 먹으면 그만이다.
  ② 집이 작고 허술함을 비유적으로 이르는 말.
     예) 게딱지만 한 초가집.

게딱지를 보신 분은 알겠지만, 작기도 하지만 그 생김새가 옛날 우리나라 초가집 지붕과 흡사하다. 그래서 '작고 허술한 집'을 비유적으로 이르는 것이 아닐까?

- 게살 : 게의 살. 또는 게의 살을 말린 식품.

요즘 쉽게 구할 수 있는 가공식품이 '게살' 또는 '게맛살' 식품이다. '게살'과 '게맛살'은 하늘과 땅 차이다. 게살은 말 그대로 게의 살이지만, 게맛살은 게살 맛이 나는 향료를 첨가한 식품이다. 따라서 게살과 게맛살은 값에도 큰 차이가 있을 것이다.

---

* '개 꼬리'는 《표준국어대사전》에서는 띄어 쓴다. 하나의 단어가 아니기 때문이다. 그러나 '개꼬리'라고 붙여서 수록한 사전도 있다.(《고려대 한국어대사전》)

● 게트림 : 거만스럽게 거드름을 피우며 하는 트림.

예) 막걸리를 한 사발 들이켜더니 게트림을 끅 한다.

게가 트림을 정말 하는지 모르겠지만, '게트림'이라는 어감이 주는 느낌은 그리 긍정적이지 않다. 유의해야 할 것은 '트름'이 아니라 '트림'* 이라는 사실이다. 많은 사람이 틀리는 단어여서 그런지, 사전에도 '트름'이 '트림'의 잘못된 표기라고 나온다.

---

* 먹은 음식이 위에서 잘 소화되지 아니하여서 생긴 가스가 입으로 복받쳐 나옴. 또는 그 가스.

둥, 등, 들, 따위

32

- 의존명사 : 의미가 형식적이어서 다른 말 아래에 기대어 쓰이는 명사. '것', '따름', '뿐', '데' 따위가 있다.

의존명사는 명사는 맞는데 특별한 뜻을 갖는 게 아니라, 다른 말과 함께 쓸 때 비로소 제 뜻을 드러내는 명사이다. '것', '따름', '뿐', '데' 등이 의존명사인데, 사전 설명에 나오는 '따위'도 의존명사다.

- 따위 :
  ① (명사나 어미 '-는' 뒤에 쓰여) 앞에 나온 것과 같은 종류의 것들이 더 있음을 나타내는 말.
    예) 거리에는 오징어 따위의 건어물을 파는 사람들이 많았다. / 밭에 상추 따위를 심었다.
  ② (명사나 어미 '-는' 뒤에 쓰여) 앞에 나온 종류의 것들이 나열되었음을 나타내는 말.
    예) 냉장고, 텔레비전, 세탁기 따위의 가전제품. / 텃밭에 상추, 호박, 고추 따위를 심었다.
  ③ (명사, 대명사, 어미 '-는' 뒤에 쓰여) 앞에 나온 대상을 낮잡거나 부정적으로 이르는 말.
    예) 아버지가 겪은 고통에 비하면 내 괴로움 따위는 아무것도 아니

었다. / 너 같은 놈 따위가 뭘 안다고 남의 일에 이래라저래라 하는 거냐?

'따위'는 고유어인데, 다양한 뜻을 가진 독특한 표현이다. 그런데 세 번째 뜻 때문인지 '따위'가 부정적인 느낌을 준다고 여기는 사람이 많다. 첫 번째와 두 번째 뜻으로 쓸 때는 전혀 그렇지 않은데 말이다. 그래서 오늘날 '따위'를 쓰는 사람을 찾기 힘들다. '따위'라는 의존명사가 갈 길을 잊은 느낌이다. 멋진 우리말인데 말이다.

그렇다면 '따위'가 들어갈 곳에 어떤 표현을 쓸까?

● 등(等) :
① (명사나 어미 '- 는' 뒤에 쓰여) 그 밖에도 같은 종류의 것이 더 있음을 나타내는 말.
예) 울산, 구미, 창원 등과 같은 공업 도시. / 정치, 군사, 경제, 사회 등 여러 면에 걸친 개혁.
② (명사 뒤에 쓰여) 두 개 이상의 대상을 열거한 다음에 쓰여, 대상을 그것만으로 한정함을 나타내는 말.
예) 서울, 경기, 강원 등 중부 지방의 내로라하는 인물은 모두 모였다.
● 들 : (명사 뒤에 쓰여) 두 개 이상의 사물을 나열할 때, 그 열거한 사물 모두를 가리키거나, 그 밖에 같은 종류의 사물이 더 있음을 나타내는 말.
예) 책상 위에 놓인 공책, 신문, 지갑 들을 가방에 넣다. / 과일에는 사과, 배, 감 들이 있다.

'등(等)'은 한자어이고, '들'은 고유어인데, 두 표현 모두 '따위'와 흡사하게 쓴다. 물론 함께 쓸 수 없는 독자적인 뜻을 갖는 경우도 있다. 그러니 '들=등=따위'라고 기계적으로 판단해서는 안 된다.

한편 유의해야 할 점이 하나 있다.

'들'의 예문에 "과일에는 사과, 배, 감 들이 있다."라는 문장이 있다. 이때 '감 들이 있다.'라고 쓰는데, '들'이 의존명사로 쓰일 때는 복수(複數)의 뜻을 갖지 않는다. 그래서 명사 뒤에 붙여 쓰지 않는다.

반면에 '-들'을 접미사로 쓸 때는 다르다.

● -들 : (셀 수 있는 명사나 대명사 뒤에 붙어) '복수(複數)'의 뜻을 더하는 접미사.

예) 사람들. / 그들. / 너희들.

즉, 의존명사 '들'과 접미사 '-들'은 다른 단어인 셈이다.

마지막으로 '둥'에 대해 살펴보자.

'둥'은 '등'과 형태는 비슷하지만 뜻은 전혀 다른 의존명사다.

● 둥 :

① ('-은/는/을 둥 만/마는/말 둥' 구성으로 쓰여) 무슨 일을 하는 둥도 하고 하지 않는 둥도 함을 나타내는 말.

예) 얼굴을 본 둥 만 둥 그냥 지나간다. / 밥을 먹는 둥 마는 둥 수저를 내려놓는다.

② ('-다는/냐는/라는/자는 둥 -다는/냐는/라는/자는 둥' 구성으로 쓰여) 이렇다거니 저렇다거니 하며 말이 많음을 나타내는 말.

예) 그는 방이 춥다는 둥 건조하다는 둥 불만이 많았다. / 그는 생선이 싱싱하냐는 둥 비싸게 산 것은 아니냐는 둥 트집을 잡았다.

'들', '등', '따위'가 앞에 나온 명사들을 가리키는 데 비해, '둥'은 동사나 형용사 등을 가리키는 경우가 대부분이다. 뜻 역시 전혀 다르다.

-ㄹ게와 -ㄹ꼬

33

다양한 기능, 특히 문자를 보낼 수 있는 기능을 탑재한 전화기가 탄생하기 전에는 대부분 대화를 음성으로 했다. 전화기 역시 말을 주고받는 기능으로만 쓰였기 때문에 일반인들은 맞춤법에 예민하게 반응할 필요가 없었다.

그러나 문자 송수신 기능을 가진 전화기가 나타나면서, 아니 그 전에 누구나 대중을 향한 글쓰기가 가능한 인터넷이 보편화하면서 모든 사람들이 맞춤법에 대해 한 번쯤은 생각해 보기 시작했다. 물론 그에 대해 예민하게 반응하는 사람들의 수는 많지 않지만.

하지만 맞춤법을 중시하는 일에 종사하는 사람들은 반복적으로 나타나는 틀린 표현을 볼 때마다 눈살을 찌푸리게 되는 것이 사실이다. 그렇다면 가장 자주 접하는 틀린 표현 가운데 하나가 무엇일까?

"내가 먼저 가서 기다릴께."
"필요한 서류를 빨리 보내드릴께요."

이것이다.

'기다릴게', '보내드릴게요'가 맞는 표현인데, 열에 아홉, 아니 경험상 그보다 더 높은 비율로 틀린 표현인 '기다릴께', '보내드릴께요'라고 쓴다.

이런 현상은 상식에서 벗어나 있다. 일반적으로 맞춤법을 틀리는 경우는 복잡한 표현을 단순하게 쓰는 과정에서 발생하기 때문이다. '기다릴게'가 '기다릴께'보다 훨씬 쓰기가 쉽다. 컴퓨터 자판(키보드)에서 '께'를 쓰려면 시프트 키를 눌러야 하므로 복잡한데도 그토록 많은 사람들이 틀리니 신기하기도 하다.

● -ㄹ게 : (받침 없는 동사 어간이나 'ㄹ' 받침인 동사 어간 뒤에 붙어) (구어체로) 해할* 자리에 쓰여, 어떤 행동에 대한 약속이나 의지를 나타내는 종결 어미.

예) 다시 연락할게. / 오늘은 나 먼저 갈게.

'-을게'도 같은 뜻인데, 다른 점이라면 'ㄹ'을 제외한 받침 있는 동사 어간 뒤에 쓴다는 점이다. 다음 예처럼 말이다.

"그 사람은 내가 맡을게."
"남은 밥은 내가 먹을게."

그렇다면 왜 '-ㄹ게'를 써야 할 자리에 많은 사람들이 '-ㄹ께'를 쓰는 걸까? 이는 분명 '-ㄹ까', '-ㄹ꼬'와 관계가 있을 것이다.

● -ㄹ까 :

① 해할 자리에 쓰여, 어떤 일에 대한 물음이나 추측을 나타내는 종

---

* '해하다'는 "해체의 말씨를 쓰다."라는 뜻으로, '해체'는 "상대 높임법의 하나로, 상대편을 높이지 않는 뜻을 나타내는 종결형"이다. 쉽게 말해서 "철수야, 이리 와서 먹어."의 '먹어'처럼 반말로 하는 경우를 말한다.

결어미.

　예) 이 그물에 고기가 잡힐까? / 그는 지금 무얼 할까?

② 해할 자리에 쓰여, 어떤 일에 대하여 상대편의 의사를 묻는 종결

어미.

　예) 우리 오늘 만날까? / 이거 내가 가질까?

● -ㄹ꼬 :

① (예스러운 표현으로) 해라할* 자리에 쓰여, 현재 정해지지 않은 일에

대한 물음이나 추측을 나타내는 종결어미.

　예) 대체 그것이 무엇일꼬? / 집도 없이 나는 어디로 갈꼬?

② (예스러운 표현으로) 해라할 자리에 쓰여, 현재 정해지지 않은 일에

대하여 자기나 상대편의 의사를 묻는 종결어미.

　예) 영희야, 너는 무슨 노래를 부를꼬? / 우리 언제 떠날꼬?

'만날까?' 또는 '언제나 만날꼬?' 하는 표현이 머릿속에 남아 있

어, '-ㄹ게' 역시 '-ㄹ께'로 쓰는 것이 아닐까 싶다.

　그러니 오늘부터는 편히 '할게'나 '보낼게'를 쓰시기 바란다. 그게

편하고 옳은 길이니 말이다.

---

* '해라하다'는 "해라체의 말씨를 쓰다."라는 뜻으로, '해라체'는 "상대 높임법의 하나로,
상대편을 아주 낮추는 종결형"이다. 쉽게 말해서 "철수야, 이리 와서 먹어라."의 '먹어라'처
럼, '먹어'보다 조금 더 강한 낮춤말을 쓰는 경우이다.

폼페이, 봄베이, 뭄바이

외국 지명이나 인명을 포함해 다양한 단어의 표기법은 어렵다. 나라마다 발음법이 다를 뿐 아니라 하루가 다르게 새로운 명칭이 탄생하기 때문이다. 특히 전 세계 각지의 소식이 빛의 속도로 오가는 시대에는 더더욱 그렇다.

독일의 유명한 작곡가 요한 제바스티안 바흐(Johann Sebastian Bach)만 보아도 표기법이 얼마나 어려운지 알 수 있다. 바흐 음악이 우리나라에 대중적으로 퍼지던 초창기에는 '요한 세바스찬 바하'라고 불렀다. 그러다 독일어 발음에 따르면, '바하'가 아니라 '바흐'이고, '세바스찬'이 아니라 '세바스티안'이라고 알려지면서 '요한 세바스티안 바흐'가 되었다. 그러나 얼마 안 가 다시 독일어의 어두에 오는 'S'가 'ㅅ'이 아닌 'ㅈ' 발음이 맞다고 하여 '세바스티안'이 '제바스티안'으로 바뀌었다. 결국 세대에 따라 바흐의 이름을 달리 기억하게 되었다.

외국 지명 가운데 살펴보아야 할 대표적인 도시가 폼페이, 봄베이, 뭄바이의 같은 듯 다른 세 가지 지명이다.

● 폼페이(Pompeii) : 이탈리아 남부, 나폴리만 기슭에 있던 고대 도시. 또는 그 도시의 유적. 기원전 5세기 무렵부터 번영하였으나 79년에 일어난 베수비오 화산 폭발로 묻혀 버렸다가 18세기에 발굴되었다. 탑으

로 둘러싸인 광장과 거리, 주피터 신전, 음악당, 목욕탕, 원형 극장 따위가 당시 모습을 보존하고 있어 고대 로마의 문화와 풍습을 연구하는 데 귀중한 자료를 제공한다.

고대 로마의 폼페이는 번영을 누리다가 화산 폭발로 순간에 멈추어 버린 도시로 유명하다. 폭발이 얼마나 순간적으로 일어났는지 도망치던 사람들이 화산재에 묻힌 모습 그대로 굳은 채 오늘날까지 전한다.

이러한 폼페이의 최후를 소재로 영국 소설가 에드워드 리턴이《폼페이 최후의 날》이라는 소설을 발표했다. 그 후 소설은 영화화되기도 했는데, 우리나라에서도 오래전 상영했고, 동화로도 출간되었다. 그런데 이 무렵에는 제목이 영화와 동화 모두 '봄베이 최후의 날'이었다. 오늘날을 사는 어린이들은 이 동화 배경이 인도라고 여길지 모르겠다.

당시에는 일본어판을 중역하여 출판하는 관례가 흔했는데, 일본

↑ 《봄베이 최후의 날》(학원사, 1959)의 표지.

어판 책 제목의 'ポンペイ'(폼페이)를 'ボンベイ'(봄베이)로 잘못 읽었기 때문이라는 설이 있다. 믿거나 말거나다.

그렇다면 봄베이는 어디일까?

인도 대륙 서부에 있는 항구도시 뭄바이(Mumbai)는 마하라슈트라주의 주도(州都)인데, 1995년까지만 해도 명칭이 봄베이(Bombay)였다. 그래서 지금도 봄베이로 알

고 있는 이들이 꽤 있을 것이다.

그러던 곳이 1995년 11월에 뭄바이로 바뀌었는데, 오랜 세월에 걸친 영국 식민지에서 온전히 벗어난 결과이다.

● 뭄바이(Mumbai) : 인도 서쪽 연안 중앙부, 본토에 가까운 뭄바이 섬의 동남부에 있는 항구 도시. 인도 제2의 도시로 영국식 근대 건축물이 많다. 인도 최대의 무역항이며, 면, 기계, 화학, 식품 가공 따위의 각종 공업이 발달하였다. 전 이름은 봄베이(Bombay)이다.

사실 뭄바이는 인도 대륙에서 조금 떨어져 있던 섬이었다. 1534년, 그곳을 다스리던 토후(土侯)가 포르투갈에 넘겨주었고, 포르투갈 국왕은 다시 자기 여동생과 혼인한 영국의 찰스 2세에게 지참금으로 주었다. 그 후 찰스 2세는 영국 동인도회사에 팔아넘겼는데, 이때부터 동인도회사는 자국과의 교역을 위해 이곳을 매립하고 항만을 건설했다. 인도 최대의 항구가 탄생하는 순간이었다. 훗날 수에즈운하 개통은 뭄바이에 날개를 달아 준 셈이었다.

오늘날 뭄바이는 인도 최대 교역항이자 최대 도시로, 인구만 해도 1200만 명이 넘는다.

마지막으로 인도의 대도시 한 곳을 더 살펴보자.

● 콜카타(Kolkata) : 인도 동쪽, 갠지스강의 지류인 후글리강(Hooghly江)에 접하여 있는 도시. 황마, 쌀, 차 따위의 수출로 유명하다. 2000년에 캘커타에서 이름을 고쳤다. 서벵골주의 주도(州都)이다.

콜카타 역시 뭄바이처럼 지명이 바뀐 대표적인 도시다. 20세기에는 캘커타라고 불렀는데, 이 또한 영국식 명칭임은 두말할 나위가 없다.

한편 외국 지명이나 인명 표기에서 혼란을 겪는 경우가 있는데, 대부분 그 나라 언어와 영어식 표기가 다르기 때문이다.

지금도 플라톤을 미국 책에서는 'Plato'(플레이토)라고 쓰고 읽는다. 아리스토텔레스 역시 'Aristotle'(애리스토틀)이라고 쓰고.

최근에 나라 이름을 바꾼 경우를 아는 이들이 있을 것이다. 오랜 세월 '터키(Turkey)'라고 불리던 나라인데, '튀르키예(Türkiye)'라고 변경했다. 이 나라 명칭은 본래 튀르키예였는데, 국제사회에서 영어식 명칭인 터키로 불렀다. 그러나 영어 '터키(turkey)'('칠면조' 또는 '멍청하고 쓸모없는 인간'을 가리킨다)가 갖는 부정적인 의미에서 탈피하고자 정식으로 국제사회에 변경을 요청했고, 그때부터 공식 명칭을 튀르키예로 부르기 시작했다.

우크라이나 전쟁으로 인해 주목을 받기 시작한 우크라이나 수도 키이우(Kyiv)는 아직도 국제사회에서 정식 명칭이 확정되지 않았다. 오랫동안 러시아어 발음 '키예프(Kiev)'로 불렸는데, 최근 들어 러시아 영향력에서 독립하고자 우크라이나 정부가 '키이우'로 부르기 시작했고, 이에 유엔과 EU, 미국 등에서는 키이우로 부른다. 그러나 지금도 키예프라고 부르는 경우가 흔한 것이 사실이다.

아는 말, 모르던 표현

───────────────────────────────

○

가을

● 가을 : 한 해의 네 철 가운데 셋째 철. 여름과 겨울의 사이이며, 달로
는 9~11월, 절기(節氣)로는 입추부터 입동 전까지를 이른다.

이렇게 사전 설명을 보니 새삼스럽다. 가을을 몰라 사전을 찾는 분
은 거의 없을 테니 말이다. 계절 가운데도 가을은 우뚝 선다. 물론 봄
을 좋아하는 사람도 많고, 여름이나 겨울을 좋아하는 사람도 있을
것이다. 그러나 가을을 좋아하는 사람이 가장 많으리라고 예상하는
것은 낯설지 않다. 가을을 좋아할 만한 이유는 많은데, 붉게 물드는
자연의 모습, 그리고 더위가 끝난 후 찾아오는 선선함과 청명한 하
늘 모두 매력적이다. 게다가 바람이나 꽃샘추위가 찾아오는 봄과 달
리 가을은 온전히 계절의 맛을 즐길 수 있다.
　한편 가을은 풍요와 수확의 계절로도 유명하다. 그 결과 가을이라
는 단어는 또 다른 뜻을 품게 된다.

● 가을 : 벼나 보리 따위의 농작물을 거두어들임. 또는 그런 일.

가을이 수확의 의미를 갖게 된 것이다. 수확의 의미를 갖는 가을
은 다른 형태로도 확장된다.

- 가을하다 : 벼나 보리 따위의 농작물을 거두어들이다.
- 가을갈이 : 다음 해의 농사에 대비하여, 가을에 논밭을 미리 갈아 두는 일.

  준말) 갈갈이.
- 가을걷이 : 가을에 익은 곡식을 거두어들임.

  준말) 갈걷이.
- 가을마당 : 추수를 하는 마당.
- 가을일 : 가을에 곡식을 거두어들이는 일.

그 외에도 가을과 관련한 표현은 여럿 있다. 그 가운데 기억할 것은 '가으내'다.

- 가으내 : 한가을 내내.

  예) 올해는 가으내 가뭄이 들었다.

'가으내'는 '가을 내내'의 줄임말로, '가을내'는 틀린 표현이다. 이는 '겨울내'가 아니라 '겨우내'(한겨울 동안 계속해서)인 것과 일맥상통한다. 한편 '봄내'(봄철 동안 내내)와 '여름내'(여름 한 철 동안 내내)는 변형이 없다.

가을의 삶과 관련된 표현 가운데는 '가을것'과 '가을살이'를 기억할 만하다.

- 가을것 : 가을철에 입는 옷이나 쓰는 물건 따위를 통틀어 이르는 말.
- 가을살이 : 가을철에 입는 옷.

바람

36

'바람'이라는 단어에는 크게 두 가지 뜻이 있다.

- 바람 :
  ① 기압의 변화 또는 사람이나 기계에 의하여 일어나는 공기의 움직임.
  ② 몰래 다른 이성과 관계를 가짐.

국어사전을 찾아보면 그 외에도 여러 뜻이 있다. 여기서는 첫 번째 뜻의 바람에 대해서만 살펴보자.

바람에 다양한 종류가 있다는 것은 누구나 안다. 그러나 자세히 살펴보면 누구도 예상하지 못할 만큼 많다. 우선 바람이 부는 방향에 따른 종류다.

- 샛바람 : 뱃사람들의 은어로, '동풍'을 이르는 말.

이때 '동풍(東風)'은 '동쪽으로 부는 바람'이 아니라, '동쪽에서 불어오는 바람'이다. 그러니까 동풍이 향하는 방향은 서쪽이다. 한편 동풍은 '봄철에 불어오는 바람', 즉 '봄바람'을 뜻하기도 한다. 바람에 가장 민감한 직종은 역시 뱃사람, 즉 선원들이다. 바람은 배가 빠르게 나아갈 수 있도록 순풍(順風)이 되기도 하지만, 뒤집어 엎을 만큼 위협적인 존재로 돌변하기도 하기 때문이다. 그래서 뱃사람들이 바람을 부르는 명칭 역시 다양하다.

- 하늬바람 : 서쪽에서 부는 바람. =갈.
- 가수알바람 : 뱃사람들의 말로, '서풍'을 이르는 말. =갈바람.

바람 가운데 가장 시적인 느낌을 주는 하늬바람은 서풍이다. 농촌이나 어촌에서는 '갈'이라고 부르기도 한다. 반면에 뱃사람들은 바람을 낭만적으로 부를 뜻이 없는 듯하다. '가수알바람'이라는 명칭은 어감부터 하늬바람과는 사뭇 다르다.

- 마파람 : 뱃사람들의 은어로, '남풍'을 이르는 말.

마파람은 "마파람에 게 눈 감추듯"이라는 속담으로 유명하다. 그 외에도 "마파람에 곡식이 혀를 빼물고 자란다"(남풍이 불기 시작하면 모든 곡식은 놀랄 만큼 무럭무럭 빨리 자란다는 말), "마파람에 돼지 불알 놀듯"(아무런 구속도 받지 않는 사람이 쓸데없이 흔들흔들하는 모습을 비유적으로 이르는 말) 같은 재미있는 속담도 있다.

- 덴바람 : 뱃사람들 말로, '북풍'을 이르는 말. =된바람.

북쪽에서 불어오는 바람이니 당연히 강하고 매서울 것이다. '된바람'이라는 말 역시 강한 바람을 가리킨다. 그 외에도 다양한 방향에서 다양한 바람이 분다.

● 갈마바람 : 뱃사람들의 말로, '서남풍'을 이르는 말.

● 강쇠바람 : 첫가을에 부는 동풍.

● 높새바람 : '동북풍'을 달리 이르는 말. 주로 봄부터 초여름에 걸쳐
태백산맥을 넘어 영서 지방으로 부는 고온 건조한 바람으로 농작물에
피해를 준다.

● 높하늬바람 : 뱃사람들의 은어로, '서북풍'을 이르는 말.

● 마칼바람 : 뱃사람들의 은어로, '서북풍'을 이르는 말.

● 댑바람 : 북쪽에서 불어오는 큰 바람.

다음에는 바람의 강도에 따른 종류다. 여기서 말하는 풍력 계급
(0에서 12까지 13계급)은 영국 출신 해군 군인인 프랜시스 보퍼트
(Francis Beaufort, 1774~1857)가 제정한 보퍼트 풍력계급에 따른 것
이다.
'풍력계급 0'은 바람이 전혀 없는 상태, 즉 '고요'를 가리키므로,
바람과는 상관이 없다.

● 실바람 : 풍력계급 1의 바람. 10분간의 평균 풍속이 초속 0.3~1.5m
이며, 연기의 이동에 의하여 풍향을 알 수 있으나 풍향계는 움직이지
않는다.

● 남실바람 : 풍력계급 2의 바람. 10분간의 평균 풍속이 초속 1.6~
3.3m이며, 나뭇잎이 흔들리고 풍향계도 움직이기 시작한다.

● 산들바람 : 풍력계급 3의 바람. 10분간의 평균 풍속이 초속 3.4~
5.4m이며, 나뭇잎과 잔가지가 일정한 운동을 하고 깃발이 가볍게 흔
들린다.

그 외에 "시원하고 가볍게 부는 바람"도 '산들바람'이라고 부르는데, 우리가 자주 쓰는 표현이다.

- 건들바람 : 풍력계급 4의 바람. 10분간의 평균 풍속이 초속 5.5~7.9m이며, 육지에서는 먼지가 일고 종잇조각이 날리며 작은 나뭇가지가 흔들리고 바다에서는 물결이 인다.

'건들바람' 역시 "초가을에 선들선들 부는 바람"을 가리키기도 한다.

- 흔들바람 : 풍력계급 5의 바람. 10분간의 평균 풍속이 초속 8.0~10.7m이며, 잎이 무성한 작은 나무가 흔들리고, 바다에서는 작은 물결이 인다.
- 된바람 : 풍력계급 6의 바람. 10분간의 평균 풍속이 초속 10.8~13.8m이며, 큰 나뭇가지가 흔들리고 전선이 울리며, 우산을 받치고 있기가 어렵다.

'된바람'은 앞서 살펴본 것처럼 뱃사람들이 '북풍'을 부르는 호칭이기도 하다. 또 "매섭게 부는 바람"을 가리키기도 한다.

- 센바람 : 풍력계급 7의 바람. 10분간의 평균 풍속이 초속 13.9~17.1m이며, 나무 전체가 흔들리고 바람을 안고서 걷기가 어렵다. =강풍.
- 큰바람 : 풍력계급 8의 바람. 10분간의 평균 초속이 17.2~20.7m이며, 작은 나뭇가지가 꺾이고 바람을 안고서는 걸을 수가 없다.
- 큰센바람 : 풍력계급 9의 바람. 10분간의 평균 풍속이 초속 20.8~

24.4m이며, 굴뚝이 넘어지고 기와가 벗겨진다. ≒대강풍.

● 노대바람 : 풍력계급 10의 몹시 강한 바람. 10분간의 평균 풍속이 초속 24.5~28.4m이며, 육지에서는 건물이 부서지고 나무가 뿌리째 뽑히고 바다에서는 파도가 크게 일어 흰 거품으로 뒤덮인다. ≒전강풍.

● 왕바람 : 풍력계급 11의 몹시 강한 바람. 10분간의 평균 풍속이 초속 28.5~32.6m이며, 육지에서는 건물이 크게 부서지고 바다에서는 산더미 같은 파도가 인다. ≒폭풍.

● 싹쓸바람 : 풍력계급 12의 몹시 강한 바람. 10분간의 평균 풍속이 32.7m 이상이며, 육지에서는 보기 드문 엄청난 피해를 일으키고 바다에서는 산더미 같은 파도를 일으킨다.

다음에는 바람이 부는 장소에 따른 종류를 살펴보자.

● 강바람 : 강물 위에서나 강가에서 부는 바람.

● 갯바람 : 바다에서 육지로 부는 바람.

● 골바람 : 골짜기에서부터 산꼭대기로 부는 바람.

● 꽃바람 : 꽃이 필 무렵에 부는 봄바람.

● 들바람 : 들에서 부는 바람.

● 물바람 : 강이나 바다 따위의 물 위에서 불어오는 바람.

● 뭍바람 : 밤에 육지에서 바다로 향하여 부는 바람. =육풍.

● 벌바람 : 벌판에서 부는 바람.

● 윗바람 : 물의 상류 쪽에서 불어오는 바람.

● 재넘이 : 밤에 산꼭대기에서 평지로 부는 바람. =산바람.

참으로 바람 종류가 많음을 알 수 있다. 그러나 아직 멀었다.

이번에는 생활 속에서 자주 사용하는 다양한 바람 종류에 대해 살펴보자.

- 건들마 : 남쪽에서 불어오는 초가을의 선들선들한 바람.
- 겨울바람 : 겨울에 부는 찬 바람.
- 늦바람 : 저녁 늦게 부는 바람.

'늦바람'은 "나이 들어 늦게 난 난봉이나 호기"라는 뜻으로 자주 쓰여, 자연현상으로 아는 사람이 드물 정도다.

- 맞바람 : 양편에서 마주 불어오는 듯한 바람을 일상적으로 이르는 말.
- 명지바람 : 보드랍고 화창한 바람. =명주바람.

'명주바람'은 한자어 '명주(明紬)+바람'으로 된 단어다. 명주는 곧 비단실이니, 비단실처럼 부드러운 바람인 셈이다.

- 비바람 : 비가 내리면서 부는 바람.

비와 바람을 아울러 '비바람'이라고도 한다.

- 서늘바람 : 첫가을에 부는 서늘한 바람.
- 서릿바람 : 서리가 내린 아침에 부는 쌀쌀한 바람.
- 선들바람 : 가볍고 시원하게 부는 바람.
- 소소리바람 : 이른 봄에 살 속으로 스며드는 듯한 차고 매서운 바람.
- 소슬바람 : 가을에, 외롭고 쓸쓸한 느낌을 주며 부는 으스스한 바람.

=솔바람.

　'소슬바람'은 한자어 '소슬(蕭瑟, 쓸쓸할 소, 거문고 슬)+바람'으로 된 단어다. '쓸쓸한 거문고 소리를 내는 바람'이니 외롭고 쓸쓸한 느낌을 주는 것이 당연하다.

- 솔바람 :
  ① 소나무 사이를 스쳐 부는 바람.
  ② 소슬바람.
- 용오름 : 육지나 바다에서 일어나는 맹렬한 바람의 소용돌이. 해면에 닿으면 물을 빨아올리고, 육상에서는 건물이나 나무 따위를 파괴하기도 한다. 열대지방에 흔하고 온대지방에서는 여름에 많은 편이다.
- 칼바람 : 몹시 매섭고 독한 바람.
- 황소바람 : 좁은 틈으로 세게 불어 드는 바람.
- 회오리바람 : 갑자기 생긴 저기압 주변으로 한꺼번에 모여든 공기가 나선 모양으로 일으키는 선회(旋回) 운동. =돌개바람.

　'돌개바람'은 회오리바람을 가리키기도 하지만 열대성저기압, 즉 태풍, 허리케인 등을 통틀어 가리키기도 한다.

- 훈풍(薰風) : 첫여름에 부는 훈훈한 바람.

서리

37

'서리' 모르는 사람은 없을 것이다. 그러나 막상 서리를 본 사람이 많을지는 잘 모르겠다. 서리를 보기 위해서는 적당히 추운 날 새벽, 땅에 나서야 하기 때문이다.

현대인들 가운데 서리가 존재하는 새벽에 집을 나선다면 바쁜 사람이 분명하다. 그러니 그들이 땅 위에 내린 서리를 볼 겨를이 있을지 모르겠다. 반면에 느긋하게 나가는 사람들은 서리가 이미 사라진 후여서 보기 힘들다. 그래서 21세기를 사는 현대인들은 서리를 보기가 힘들다.

왜 서리는 보기 힘들까?

● 서리 : 대기 중의 수증기가 지상의 물체 표면에 얼어붙은 것. 땅 위의 표면이 복사냉각으로 차가워지고, 그 위에서 수증기가 승화하여 생긴다.

서리는 기온이 섭씨 영하 0도 이하로 내려갈 때, 공기 중의 수증기가 땅이나 식물 등 물체 표면에 얼어붙은 것이다. 간단히 말하면 매우 작은 얼음 알갱이가 모인 것이다.

얼음은 생각보다 쉽게 녹지 않는다. 얼마나 녹지 않는지 알 수 있는 것이 석빙고(石氷庫)라는 시설이다.

↑ 풀숲에 내린 서리.

● 석빙고(石氷庫) : 얼음을 넣어 두던 창고. 경주 석빙고, 창녕 석빙고, 청도 석빙고 등이 있다.

냉장고가 보급되기 전, 전통사회에서는 얼음을 구할 수 없었다. 그렇다고 국가의 중요한 행사를 치를 때, 그리고 임금님이나 높은 벼슬아치들이 더운 여름을 시원한 얼음 없이 나기도 힘든 일이었다. 그래서 겨울에 얼어붙은 강에서 얼음 덩어리를 구해 창고에 넣어 두었다가 여름에 꺼내 먹었는데, 이때 사용한 창고가 석빙고다. 겨울에 구한 얼음을 여름에 사용할 정도였으니 아무리 짧아도 서너 달, 길게는 대여섯 달 동안 녹지 않았을 것이다. 실제로 나라의 중요한 제사 등에 사용하는 얼음은 1년 내내 떨어지지 않을 정도였다. 물론 볏짚, 나무, 솔가지 등을 이용하고 돌로 지어 공기를 막는다고 해도, 천연 얼음이 이렇게 오래 유지된다는 것은 우리의 상상을 뛰어넘는다.

그렇다면 서리도 쉽게 안 녹을까? 천만의 말씀이다. 서리는 해가 뜨는 즉시 거의 사라진다. 얼음이라고 해도 너무 작은 알갱이라, 햇빛을 받거나 기온이 조금만 올라도 즉시 녹기 때문이다. 그래서 더욱 서리를 보기가 쉽지 않다.

서리를 보기 어려운 또 다른 이유가 있다. 서리가 내리기 위해서는 바람이 불지 않아야 한다. 일반적으로 추운 날씨에는 바람이 불기 때문에 더더욱 서리를 보기 힘들다.

왜 바람이 불면 서리가 내리지 않을까? 바람이 불면서 공기 중의 수증기를 날려 버리기 때문이다.

서리가 얼마나 귀한 몸인지 알 수 있다.

그러나 우리말에서 서리는 그리 달가운 존재가 아니다.

[관용구]

● 서리(가) 내리다[앉다] : 머리카락이 하얗게 세다.

  예) 사십 대에 접어드니 내 머리에도 서리가 내리기 시작했다.

● 서리(를) 맞다 : 권력이나 난폭한 힘 따위에 의하여 큰 타격이나 피해를 입다.

  예) 이번 세무 감사로 그 회사는 크게 서리를 맞았다.

● 서리(를) 이다 : 머리카락이 하얗게 세다.

● 서리 같은 칼[칼날] : 찬 서리같이 흰 빛이 번뜩이는 날카로운 칼.

[속담]

● 서리 맞은 구렁이[병아리] :

  ① 행동이 굼뜨고 힘이 없는 사람을 비유적으로 이르는 말.

  ② 세력이 다하여 모든 희망이 좌절된 사람을 비유적으로 이르는 말.

어느 관용구나 속담에서도 긍정적인 뜻을 찾기가 쉽지 않다. 그만큼 가을을 지나 추위와 함께 내리는 서리는 반가운 존재가 아니었던 셈이다.

더욱이 전통사회에서는 난방이야말로 가장 힘든 일이었다. 기름도 없고 전기도 없던 시절에 단열재도 없었으니, 추위는 생존을 좌우할 정도였을 것이 분명하다. 그런 시대에 겨울 추위의 전령사인 서리를 반길 사람이 있을 리 없다.

이러한 서리의 성격은 한자에도 그대로 드러난다.

- 霜 : 서리 상.

'우(雨)'가 들어가는 대부분 글자처럼, '雨(비 우) + 相(서로 상)'으로 태어난 '상(霜)' 역시 서리라는 자연현상을 가리킨다.

雲 : 구름 운.	霖 : 장마 림.	露 : 이슬 로.
雪 : 눈 설.	震 : 벼락 진.	霹 : 천둥 벽.
雷 : 우레 뇌.	霞 : 놀 하.	靂 : 천둥 력.
電 : 번개 전.	霧 : 안개 무.	

한자 '상(霜)'이 들어가는 단어나 표현들 역시 우리말 '서리'처럼 긍정적인 뜻은 별로 없다. 중국 역시 추위는 두려웠던 모양이다.

- 추상(秋霜) : 가을의 찬 서리.
- 추상(秋霜) 같다 : 호령 따위가 위엄이 있고 서슬이 푸르다.
- 성상(星霜) :

154

① 별은 1년에 한 바퀴를 돌고 서리는 매해 추우면 내린다는 뜻으로, 한 해 동안의 세월이라는 뜻을 나타내는 말.

② 햇수를 비유적으로 나타내는 단위.

● 풍상(風霜) :

① 바람과 서리를 아울러 이르는 말.

② 많이 겪은 세상의 어려움과 고생을 비유적으로 이르는 말.

● 오상고절(傲霜孤節) : 서릿발이 심한 속에서도 굴하지 아니하고 외로이 지키는 절개라는 뜻으로, '국화'를 이르는 말.

나이

38

나이 먹는 것을 좋아하는 때가 있는가 하면, 나이 먹는 것을 싫어하는 때도 있다. 나아가 그런 때가 지나면, 나이 먹는 것이 두렵다.

그래서 그런지 나이에 대한 속담도 많다.

- 나이가 들면 뼛속에서도 찬바람이 인다 : 사람이 늙으면 온몸이 시려 돌봐 주는 사람이 필요하게 된다는 뜻으로 빗대는 말.(정종진, 《한국의 속담 대사전》)
- 나이는 못 속인다 : 나이를 아무리 속이려고 해도 행동의 이모저모에서 그 티가 반드시 드러나고야 맒을 비유적으로 이르는 말.
- 나이 덕이나 입자 : 다른 것으로는 남의 대접을 받을 만한 것이 없으니, 나이 먹은 것으로 대접을 받자는 말.
- 나이 서른에 장가가니까 비가 온다 : 때늦게 하는 일일수록 방해가 많다는 뜻으로 빗대어 이르는 말.(이하 정종진, 《한국의 속담 대사전》)
- 나이 이길 장사 없다 : 나이가 많아 늙으면 여러 면에서 별 수가 없다는 뜻으로 빗대는 말.

속담만 많은 게 아니다. 나이에 관한 단어 역시 많다.
자주 쓰는 것부터 살펴보자.

- 나잇값 : 나이에 어울리는 말과 행동을 낮잡아 이르는 말.

  예) 제발 나잇값 좀 해라.

  준말) 낫값.

- 나잇살 : 지긋한 나이를 낮잡아 이르는 말.

  예) 나잇살이나 먹었다는 사람들이 이 모양이니, 젊은 사람들은 오죽

  하겠습니까?

  준말) 낫살.

'나잇값'이나 '나잇살'은 모두 낮잡아 이르는 표현이다. 그러니 점잖은 상황이나 상대에게 쓰면 안 된다. 한편 나잇살에는 "나이가 들면서 찌는 살을 이르는 말"이라는 뜻도 있다.

- 나이대접 : 나이가 많은 이를 받들거나 체면을 봐줌. 또는 그런 일.

  준말) 나대접.

- 나이배기 : 겉보기보다 나이가 많은 사람을 낮잡아 이르는 말.

  준말) 나배기.

- 나이자락 : 지긋한 나이를 낮잡아 이르는 말.

- 나이티 : 나이에서 풍기는 분위기.

  예) 이제는 아무리 젊은 사람처럼 행동해도 나이티가 난다.

'나이'가 들어가는 단어를 사용할 때 주의할 점은 사이시옷이 들어가는 경우와 들어가지 않는 경우가 있다는 사실이다.

- 남의나이 : 환갑이 지난 뒤의 나이를 이르는 말. 대체로 팔순 이상을 이른다.

예) 어르신도 낼모레면 남의나이 자실 연세인데, 무리하시면 안 됩니다.

우리말에 '남의나이'라는 표현이 있는 걸 아는 사람은 거의 없을 것이다. 예전에는 환갑 지나기가 힘든 탓에, 환갑이 지나면 또 한 사람의 삶을 산다고 여겨 이런 단어가 생긴 듯하다.

그런데 '남의-' 형태의 단어는 또 있다.

- 남의달 : 아이를 밴 부인이 해산달로 꼽아 놓은 달의 다음 달.

  예) 아들이든지 딸이든지 얼른 낳기나 했으면 좋겠는데 상직할미 말 들어선 어쩌 남의달을 잡을 것 같아요.(홍명희,《임꺽정》)

- 남의집살다 : 남의 집안일을 하여 주며 그 집에 붙어살다.

- 남의집살이 : 남의 집안일을 하여 주며 그 집에 붙어사는 일. 또는 그런 사람.

냄새와 향기

39

코로 들어오는 외부 기운을 가리키는 표현으로 '냄새'와 '향기'가 있다.

냄새는 우리말이고 향기(香氣)는 한자어라는 차이가 있는데, 뉘앙스도 다르다.

- 냄새 : 코로 맡을 수 있는 온갖 기운. ≒ 내.
  예) 구수한 냄새. / 냄새가 좋다.
- 향기(香氣) : 꽃, 향, 향수 따위에서 나는 좋은 냄새. ≒ 향.

사전 뜻을 보면 냄새와 향기는 다른데, '냄새'는 좋은 냄새와 나쁜 냄새를 포괄하는 가치중립적인 표현이라면, '향기'는 좋은 냄새에 한정된 표현이다.

"커피 냄새가 좋다." 또는 "이 방에 들어오니 좋은 냄새가 난다." 같은 표현을 쓰기보다는 "커피 향기가 좋다." 또는 "이 방에 들어오니 좋은 향기가 난다." 같은 표현을 쓰는 것만 보아도 알 수 있다.

냄새도 예문에서 볼 수 있듯 긍정적으로 쓰는 경우가 많다. 그렇다고 해도 '땀 냄새'나 '똥 냄새', '썩은 냄새' 같은 표현처럼 좋지 않은 기운에 자주 쓰인다.

냄새는 설명에서 보듯이 '내'라고도 한다.

- 내 : (주로 다른 말 뒤에 쓰여) 코로 맡을 수 있는 온갖 기운. =냄새.

  예) 고소한 내를 맡다. / 쾨쾨한 내가 나다. / 밥 타는 내가 온 집 안에 가득하였다.

예문에서 보듯이 명사로 자주 쓴다. 그 외에도 여러 냄새를 나타내는 단어에 등장한다.

- 구린내 : 똥이나 방귀 냄새와 같이 고약한 냄새. ≒쿠린내.
- 고린내 : 썩은 풀이나 썩은 달걀 따위에서 나는 냄새와 같이 고약한 냄새. ≒초취, 코린내, 하취.
- 똥내 : 똥의 냄새.
- 비린내 : 날콩이나 물고기, 동물의 피 따위에서 나는 역겹고 매스꺼운 냄새. ≒성취.
- 암내 : 체질적으로 겨드랑이에서 나는 고약한 냄새. ≒액기, 액취, 호취.
- 입내 : 입에서 나는 좋지 아니한 냄새. =구취.

위에서 보듯이 '-내'라는 표현은 대부분 좋지 않은 기운을 나타낸다.

한편 '내'가 "코로 맡을 수 있는 온갖 기운"을 가리키는 데 비해, '좋은 기운'을 가리키는 단어도 있다.

- 내음 : 코로 맡을 수 있는 나쁘지 않거나 향기로운 기운. 주로 문학적 표현에 쓰인다.

  예) 봄 내음. / 바다 내음. / 고향의 내음.

좋은 기운을 가리키는 단어도 있듯이 좋은 '내'도 있다.

● 단내 :
① 달콤한 냄새.
예) 알사탕을 넣자 입안에는 곧 단내가 돌았다.
② 높은 열에 눋거나 달아서 나는 냄새.
예) 감자가 너무 타서 단내가 난다.
③ 몸의 열이 몹시 높을 때, 입이나 코 안에서 나는 냄새.
예) 급히 다녀오라는 어머님 말씀에 그는 목구멍에서 단내가 나도
록 뛰었다.

그런데 유심히 살펴보니 단내가 말 그대로 '단' 내인지 의문이 든
다. 생활 속에서 '단내'를 쓸 때는 대부분 세 번째 뜻으로 쓰니까 말
이다. 이때 '단내'는 고통을 수반하는 냄새다.
마지막으로 살펴볼 것은 한자 '취(臭)'다.
앞서 살펴본 한자 '향(香)'과 달리 '취'는 좋지 않은 냄새에 자주
쓴다.

● 구취(口臭) : 입에서 나는 좋지 아니한 냄새.
● 악취(惡臭) : 나쁜 냄새.
● 체취(體臭) : 몸에서 나는 냄새.

'체취'는 반드시 부정적인 냄새만 가리키지는 않는다. "아직도 그
의 체취가 내 마음속에 남아 있다." 또는 "그의 체취가 서려 있는 물
건들" 같은 표현은 긍정적인 의미를 품고 있다.

- 구상유취(口尚乳臭) : 입에서 아직 젖내가 난다는 뜻으로, 말이나 행동이 유치함을 이르는 말.
- 탈취제(脫臭劑) : 냄새를 없애는 데에 쓰는 약제. 숯, 활성탄 따위가 있다. 주로, 냉장고나 화장실의 악취를 없애는 데에 쓴다.
- 무색무취(無色無臭) : 아무 빛깔과 냄새가 없음.

'구상유취(口尚乳臭, 입 구, 오히려 상, 젖 유, 냄새 취)'는 '입에서 나는 젖내'인데, '젖내' 대신 '젖비린내'라고 하는 경우가 많다. 구상유취가 상대방을 업신여기는 표현이기 때문이다. 또 '탈취제'라는 말에서도 알 수 있듯이 '냄새'는 없애야 할 대상이기도 하다.

살림살이

40

오래전 한 정치인이 대통령 선거에 나서면서 한 말이 있다.
"여러분, 살림살이 좀 나아지셨습니까?"
그는 낙선했지만, 이 말은 오래도록 인구에 회자되었다.
그만큼 '살림살이'는 우리 생활과 밀접한 관계를 맺고 있다.

● 살림 :

① 한집안을 이루어 살아가는 일. ≒살림살이.

예) 따로 살림을 내다. / 살림을 도맡아서 하다.

② 살아가는 형편이나 정도.

예) 살림이 넉넉하다.

③ 집 안에서 주로 쓰는 세간. ≒살림살이.

예) 살림이 늘어나다. / 살림을 장만하다.

④ 국가나 집단의 재산을 관리하고 경영하는 일.

● 살림살이 :

① 살림을 차려서 사는 일. ≒살림.

예) 가난한 살림살이.

② 숟가락, 밥그릇, 이불 따위의 살림에 쓰는 세간.

예) 그사이에 살림살이가 많이 늘어났구나.

'살림'과 '살림살이'는 사전에서 보듯이 가정에서 일상적으로 살아가는 모든 일을 통틀어 가리키는 표현이다. 그러니 당연히 자주 사용할 수밖에 없고, 그와 관련된 표현 역시 많다.

- 살림꾼 :
  ① 살림을 도맡아서 하는 사람. ≒살림살이꾼.
  예) 그녀는 도중에 공부를 그만두고 살림꾼으로 들어앉았다.
  ② 살림을 알뜰하게 잘 꾸려 나가는 사람을 비유적으로 이르는 말.
  ≒살림살이꾼.
  예) 한 푼도 헛되이 안 쓰니 너도 이젠 살림꾼이 다 되었구나.
- 살림방 : 살림하는 방.
  예) 살림방이 딸려 있는 가게.
- 살림비용(살림費用) :
  ① 생활하는 데 드는 비용. =생계비.
  ② '최저생계비'를 일상적으로 이르는 말. =생계비.
- 살림집 : 살림을 하는 집.
  예) 가게 옆에 살림집을 따로 얻었다.
- 살림채 : 살림하는 방, 부엌 따위가 있는 집채.
- 살림터 : 살림을 차리고 살아가는 곳.
- 살림푼수 : 한집안을 이루어 살아가는 형편.

이런 단어 외에 '살림'이 들어가는 속담도 여럿 있다.

- 살림이 거덜이 나면 봄에 소를 판다 : 생활이 몹시 쪼들리게 되면 한창 소를 부려야 할 바쁜 농사철인 봄에도 소를 팔게 된다는 뜻.

● 살림이란 게 쓸 건 없어도 남 주워 갈 건 있다 : 하찮은 물건이라도 도둑이 집어 갈 것은 있기 마련이라는 말.

쌀과 죽

41

쌀 없이는 하루도 살 수 없는 게 우리 겨레의 삶이었다.

속담에 "쌀독 사흘만 비면 칼 들고 안 나설 놈 없다"(오래 굶주리면 누구나 몰염치한 짓을 하게 된다는 뜻), "쌀독이 비면 인심도 각박해진 다"고 했고, 또 오죽이나 쌀이 귀했으면 "쌀밥 맛본 김에 제사 지낸 다"고 했겠는가?*

그래서 '쌀'이라는 글자에는 여러 뜻이 있다.

● 쌀 :

① 벼에서 껍질을 벗겨 낸 알맹이. 늑대미, 미곡.

② 멥쌀을 보리쌀 따위의 잡곡이나 찹쌀에 상대하여 이르는 말. = 입쌀.

예) 쌀만 먹는 것보다는 잡곡을 섞어 먹는 게 건강에 좋다.

③ 볏과에 속한 곡식의 껍질을 벗긴 알을 통틀어 이르는 말. 쌀, 보리 쌀, 좁쌀 따위가 있다.

세 번째 뜻에서 볼 수 있듯, 쌀이 아닌 곡식에도 '쌀'을 붙인 경우 가 더러 있는데, 보리쌀, 좁쌀 따위가 그렇다.

---

* 이상 정종진,《한국의 속담 대사전》, 태학사, 2006.

- 보리쌀 : 보리를 찧어 겨를 벗긴 낟알.

- 좁쌀 : 조의 열매를 찧은 쌀.

'쌀'의 두 번째 뜻에서 보듯이, 우리가 일반적으로 먹는 쌀을 가리키는 또 다른 표현도 있다.

- 멥쌀 : 메벼를 찧은 쌀.

- 찹쌀 : 찰벼를 찧은 쌀.

- 입쌀 : 멥쌀을 보리쌀 따위의 잡곡이나 찹쌀에 상대하여 이르는 말.

'멥쌀'은 메벼를, '찹쌀'은 찰벼를 찧은 것으로, 찹쌀이 찰진 반면 멥쌀은 그보다 부드럽다. 찹쌀은 워낙 찰져서 밥으로 먹기가 불편하다. 그래서 찹쌀은 떡을 할 때나 찰밥 같은 특별한 밥을 할 때, 또 김치나 장을 담글 때 쓴다.

이런 표현이 많다는 것은 그만큼 쌀이 전통사회에서 중요한 존재였음을 가리킨다고 하겠다.

한편, 왜 '쌀'이 붙는 단어들은 '좁쌀, 찹쌀, 멥쌀, 입쌀'처럼 대부분 앞에 'ㅂ'이 붙을까?

그건 "두 말이 어울릴 적에 'ㅂ' 소리나 'ㅎ' 소리가 덧나는 것은 소리대로 적는다"라는 한글 맞춤법 규정에 따른 것인데, 이것만으로는 이해하기가 어렵다. 이에 대한 국립국어원의 자세한 설명은 이렇다.[*]

---

[*] 국립국어원의 '한글 맞춤법' 제4장 제4절 제31항 '해설' 참조.

'ㅂ'이나 'ㅎ' 소리가 덧나는 것에는 역사적인 이유가 있다. 먼저 앞말에 'ㅂ' 소리가 덧나게 하는 '싸리, 쌀, 씨, 때' 등은 옛말에서 'ᄡ리, ᄡᆞᆯ, ᄡᅵ, ᄢᅢ'와 같이 단어 첫머리에 'ㅂ'을 가지고 있었던 말이었다. 이들은 후에 단일어에서 모두 'ㅂ'이 탈락되었는데 합성어에서는 'ㅂ'이 탈락되지 않고 남게 된 것이다. 즉 '볍씨'는 현대에 '벼+씨'로 형성된 것이 아니라 '씨'가 'ㅂ'을 가지고 있던 시기에 형성된 합성어가 오늘날까지 이어진 것이다.

그렇다면 쌀의 종류에는 어떤 것이 있을까?

● 백미(白米) : 희게 쓿은 멥쌀. =흰쌀.

우리가 일반적으로 먹는 밥은 대부분 백미로 지은 것이다. '백미(白米, 흴 백, 쌀 미)'는 단순히 흰쌀이 아니라 멥쌀로 만든 것이다. 여기서 '쓿다'는 요즘은 잘 쓰지 않는 표현으로 "거친 쌀, 조, 수수 따위의 곡식을 찧어 속꺼풀을 벗기고 깨끗하게 하다"라는 뜻인데, 이를 지금은 흔히 '도정(搗精)'이라 한다.
백미에 대비되는 것이 현미다.

● 현미(玄米) : 벼의 겉껍질만 벗겨 낸 쌀. 쓿지 않았기 때문에 깨끗하지 않고 누르스름하다.

'현미(玄米, 검을 현, 쌀 미)'는 '검은 쌀'이라는 뜻인데, 실제로 보면 전혀 검지 않다. 검은 쌀은 오히려 따로 있다.

- 흑미(黑米) : 겉이 검은 쌀의 한 종류. 겉은 검고 속은 희다.

오늘날에는 건강식으로 인정받아 시중에서도 쉽게 구할 수 있는 게 흑미다.

그렇다면 현미는 왜 '검은 쌀'이라는 호칭이 붙었을까?

- 벼 :
  ① 볏과의 한해살이풀.
     예) 가을에 벼를 베다.
  ② ①의 열매. 이것을 찧은 것을 '쌀'이라고 한다.

벼와 벼의 열매 모두 '벼'라고 부르는 셈이다. 벼의 열매는 껍질에 둘러싸여 있는데, 이를 빻아서 벗겨야 쉽게 먹을 수 있다. 이 벼 껍질을 '겨'라고 한다.

- 겨 : 벼, 보리, 조 따위의 곡식을 찧어 벗겨 낸 껍질을 통틀어 이르는 말.

겨에는 또 두 가지가 있다.

- 왕겨 : 벼의 겉겨. ≒매조밋겨.
- 쌀겨 : 쌀을 찧을 때 나오는 가장 고운 속겨. ≒미강.

'쌀겨'를 한자로 '미강(米糠, 쌀 미, 겨 강)'이라고 하는데, 이를 짜면 놀랍게도 기름이 나온다.

- 미강유(米糠油) : 쌀겨에서 짜낸 기름. 공업용, 식용, 약용으로 쓴다. ＝겨기름.

한편 벼의 껍질을 벗겨 낼수록 벼에 담긴 영양분은 사라진다. 그래서 완전히 벗겨 낸 쌀을 '백미', 적당히 벗겨 낸 쌀을 '현미'라고 부른다.

보통 현미에는 쌀겨, 씨눈, 배젖(이것이 우리가 먹는 쌀의 대부분)이 각각 5%, 3%, 92% 포함되어 있는 반면, 백미에는 배젖만 있다. 즉 백미는 영양분이 많이 제거된 셈이다. 먹기 불편해도 현미를 먹자는 이유가 여기에 있다.

쌀과 관련해서 빼놓을 수 없는 게 하나 더 있다.

- 미음(米飮) : 입쌀이나 좁쌀에 물을 충분히 붓고 푹 끓여 체에 걸러 낸 걸쭉한 음식. 흔히 환자나 어린아이들이 먹는다. ≒보미.

'미음(米飮, 쌀 미, 마실 음)'은 '마실 수 있는 쌀'이다. 밥을 제대로 소화시킬 수 없는 환자나 어린아이를 위해 만드는 음식이 미음이다.

쌀과 미음 사이에 있는 음식도 있다.

- 죽(粥) : 곡식을 오래 끓여 알갱이가 흠씬 무르게 만든 음식.
- 암죽(암粥) : 곡식이나 밤의 가루로 묽게 쑨 죽. 어린아이에게 젖 대신 먹인다.

오늘날 거대한 산업으로 성장한 '죽' 역시 밥을 소화시키기 어려운 환자 또는 소화 기능이 떨어진 노인을 위한 음식이었다. 지금은 누구나 가벼운 식사로 즐기지만.

여하튼 미음과 죽 모두 우리말이라고 아는 분들이 많지만 한자다.

조리법 하나!

죽은 밥에 물을 넣고 끓이는 것이 아니다. 그렇게 끓이면 쉽기야 하겠지만.

쌀을 이용해 죽을 끓일 때는 쌀을 오래 물에 불린 후 밥보다 훨씬 많은 양의 물을 붓고 천천히 끓여야 한다. 맛있는 죽을 먹고 싶다면 불린 쌀을 믹서기로 적당히 간 후 그보다 대여섯 배의 물을 넣고 중불에서 저으며 만들면 된다. 어떻게 만들건 밥 짓는 것보다 죽 끓이는 것이 훨씬 어렵다.

한편 죽에 관한 관용구나 속담이 무척 많은데, 대표적인 것이 "죽을 쑤다"이다.

[관용구]

● 죽을 쑤다 : 어떤 일을 망치거나 실패하다.

● 죽이 되든 밥이 되든 : 일이 제대로 되든지 안 되든지 어쨌든.

● 죽도 밥도 안 되다 : 어중간하여 이것도 저것도 안 되다.

위 표현은 모두 밥이 주인공이다. 밥을 지으려고 하다가 물을 잘못 넣어 죽이 되었다는 뜻이 배경이기 때문이다.

진짜 죽과 관련된 표현도 있다.

● [관용구] 죽 떠먹은 자리 : 조금 덜어 내어도 흔적이 나지 아니하는 경우를 비유적으로 이르는 말.

● [속담] 죽 쑤어 개 준다 : 애써 한 일을 남에게 빼앗기거나, 엉뚱한 사

람에게 이로운 일을 한 결과가 되었음을 이르는 말.

"죽 쑤어 개 준다"는 속담의 뜻에서 알 수 있듯이, 죽을 끓이는 건 밥 짓는 것보다 훨씬 애를 써야 한다. 앞서 말한 것처럼 밥에 물 넣고 끓이는 것이 아니기 때문이다.

찬밥

42

오늘날 불을 이용해 밥을 해 먹는 사람은 거의 없다. 대부분 전기밥솥으로 밥을 해 놓고 그때그때 먹는다. 그래서 '찬밥'이라는 개념이 별로 없다. 먹고 남은 밥은 전기밥솥에 따뜻하게 보관하기 때문이다.

그러나 지금도 냄비나 개량 솥 등에 밥을 해 먹는 사람이 없는 건 아니다. 그런 경우에는 일반적으로 찬밥이 있기 마련이다.

밥을 먹어 본 사람들은 다 아는 사실인데, 밥은 막 했을 때 먹는 게 가장 맛있다. 전기밥솥에 한 밥 역시 마찬가지다. 아무리 전기밥솥에 보관해 놓은 밥이 온기를 머금고 있다 해도, 막 했을 때 먹는 밥을 따라갈 수는 없다.

그래서 예로부터 찬밥은 대부분 좋지 않은 밥, 맛없는 밥으로 인식되었다. 따라서 손님이나 집안 어른께 찬밥을 대접하는 것은 상상하기 힘든 일이었다.

● 찬밥 :

① 지은 지 오래되어 식은 밥. ≒냉반.

예) 소태같이 쓴 짠지 쪽과 펄펄 뛰고 싶도록 매운 어리굴젓에 찬밥을 데워 먹고는 기운을 차려 다시 걷기를 시작하였다.(심훈,《영원의 미소》)

반대말) 더운밥.

② 지어서 먹고 남은 밥.

예) 우리 집 찬밥은 개가 처리한다.

③ 중요하지 아니한 하찮은 인물이나 사물을 비유적으로 이르는 말.

예) 찬밥 신세.

● 더운밥 : 갓 지어 따뜻한 밥. ≒온반.

예) 날씨도 춥고 배도 고픈데 더운밥 없습니까? / 이렇게 더운밥 먹고 지낼 수 있는 것만 해도 복이지.

찬밥은 단순히 식은 밥*만 가리키는 것이 아니라, 마지못해 처리해야 할 밥, 또는 쓸모없고 거추장스러운 사람이나 사물을 비유하기도 한다. 이런 표현으로부터 지은 지 오래된 밥을 우리 조상들이 어떻게 여겼는지 알 수 있다.

그러다 보니 이런 관용구나 속담도 생겼다

[관용구]

● 찬밥 더운밥 가리다 : 어려운 형편에 있으면서 배부른 행동을 하다.

[속담]

● 찬밥 두고 잠 아니 온다 :

① 대수롭지 아니한 것에 미련을 두고 단념하지 못함을 비유적으로 이르는 말.

---

* '식은 밥'이라는 표현 역시 자주 쓰는데, 이는 한 단어가 아니다. 그래서 '식은 밥'으로 띄어 쓴다. 그러나 한반도 대부분 지역에서는 찬밥 대신, 또는 찬밥과 같은 의미로 '식은 밥'이라는 방언을 쓴다. 이때는 붙여 써 한 단어로 여긴다.

② 자기가 좋아하는 일은 좀처럼 잊어버리지 못한다는 말.

● 찬밥에 국 적은 줄만 안다 : 가난한 살림에는 없는 것이 당연한 것인
줄 모르고 무엇이 부족하다고 하여 마음을 씀을 이르는 말.

● 찬밥 한 그릇에 의 상한다 : 하찮은 인정을 소홀히 하여 좋은 관계를
그르친다는 뜻으로 이르는 말.(정종진,《한국의 속담 대사전》)

한편 '남은 밥'을 가리키는 고유어도 있다.

● 대궁 : 먹다가 그릇에 남긴 밥. ≒대궁밥, 잔반.
예) 먹던 대궁을 주워 모아 짠지 쪽하고 갖다주니 감지덕지 받는다.
(김유정,《산골 나그네》)

'대궁'은 '대궁밥'이라고도 하는데, 찬밥과 뉘앙스가 다르다. 먹다
남은 밥은 마찬가지인데, 찬밥이 솥에 남은 밥까지 포함한다면 대궁
또는 대궁밥은 말 그대로 그릇에 담아 먹다가 남긴 밥이다. 그러니
대궁(대궁밥)은 찬밥보다 더 처리가 곤란하다. 남이 먹다 남긴 것이니
말이다.

오늘날에는 대궁이라는 우리말 대신 '잔반(殘飯, 남을 잔, 밥 반)'이
라는 한자어를 주로 쓴다. '남은 밥'인 셈인데, 이제부터라도 '대궁
밥'이라는 우리말을 쓰는 게 어떨까?

곤두박질

곤두박칠쳐 본 적이 있는가?

- 곤두박질 :
  ① 몸이 뒤집혀 갑자기 거꾸로 내리박히는 일. ≒곤두, 곤두질.
    예) 비탈이 급해서 자칫하면 곤두박질을 하기 십상이니 조심하
    여라.
  ② 좋지 못한 상태로 급히 떨어짐을 비유적으로 이르는 말.
    예) 며칠째 주가가 곤두박질을 거듭하고 있다.

아마 거의 없을 것이다. 왜냐하면 사전 뜻처럼 '몸이 뒤집혀 갑자
기 거꾸로 내리박히면' 대부분의 사람들은 심각한 부상을 입을 것이
기 때문이다. 운동신경이 떨어지는 사람은 자칫 목숨을 잃을 수도
있다.
  그래서 곤두박질은 두 번째 뜻처럼, 무엇인가가 급히 추락하는 모
습을 가리킬 때 자주 쓴다.
  곤두박질은 '곤두'에서 유래한 표현이다.

- 곤두 : 몸이 뒤집혀 갑자기 거꾸로 내리박히는 일.

곤두는 한자 '근두(筋斗, 힘줄 근, 말 두)'가 변하여 된 표현이다. 몸의 힘줄에 큰 충격이 가해졌다는 뜻일 게다.

곤두는 그 외에도 다양한 표현을 낳았다.

- 곤두박다 : 높은 데서 거꾸로 내리박다.
- 곤두박이 : 높은 데서 떨어지는 일. 또는 그런 상태.
- 곤두박이치다 : 높은 곳에서 머리를 아래로 하여 거꾸로 떨어지다. ≒곤두치다.
- 곤두박질하다 :
  ① 몸이 뒤집혀 갑자기 거꾸로 내리박히다.
  ② (비유적으로) 좋지 못한 상태로 급히 떨어지다. =곤두박질치다.

한편 '곤두'와는 정반대되는 모습을 나타내는 표현도 있다.

- 곤두서다 :
  ① 거꾸로 꼿꼿이 서다.
  ② (비유적으로) 신경 따위가 날카롭게 긴장하다.
- 곤두서기운동 : 체조에서, 손으로 바닥을 짚고 발로 땅을 차서 거꾸로 서는 운동. 고도화된 평균 운동으로 몸이 유연해진다. =물구나무서기운동.

흠과 무흠

44

"어떤 물건이 약간 상했을 때 뭐라고 합니까?"

갑자기 이런 질문을 받으면 멈칫하기 마련이다. 평소에는 쉽게 쓰던 표현이 있다고 하더라도 말이다. 그렇다면 평소 사용하는 표현은 무엇일까?

솔직히 말하자면 가장 많이 쓰는 말은 '기스'일 가능성이 높다. 그러나 이 표현이 일본어임을 알기에 공식적으로 답하기에는 부적절하다고 느낄 것이다.

그래서 잠깐 고민한 끝에 이렇게 답하지 않을까.

● 흠(欠) :

① 어떤 물건의 이지러지거나 깨어지거나 상한 자국.

예) 아이들이 가구에 흠을 내었다.

② 어떤 사물의 모자라거나 잘못된 부분. =자하(疵瑕). ≒흠절(欠節).

예) 이 물건은 품질은 좋은데 비싼 게 흠이다.

③ 사람의 성격이나 언행에 나타나는 부족한 점.

예) 흠이 없는 사람은 없다. / 그 사람 다 좋은데 입이 가벼운 게 흠이다.

우선, 우리말이라고 여긴 '흠(欠, 모자랄 흠, 하품 흠)'이 한자임을 알 수 있다. '흠(欠)'은 하품하는 사람 모양을 본떠 만든 상형문자다. 그런데 하품은 몸 안에 산소가 부족할 때 나오는 현상이다. 그래서 '부족하다, 모자라다'라는 뜻도 갖게 되었다. 옛 사람들의 과학 상식이 대단함을 알 수 있다.

흠은 오래전부터 우리가 사용해 온 까닭에 이와 관련된 단어는 꽤 많다.

● 흠집(欠집) : 흠이 생긴 자리나 흔적.
예) 이마의 흠집. / 흠집을 남기다. / 흠집이 생기다.

'흠집'은 '흠(欠, 부족할 흠)+집'이다. '흠이 머무는 집'인 셈이다.

● 흠잡다(欠잡다) : 사람의 언행이나 사물에서 흠이 되는 점을 집어내다.
예) 흠잡을 데 없는 규수. / 그는 내가 하는 일에는 사사건건 흠잡으려 든다.
● 흠구덕하다(欠구덕하다) : 남의 흠을 헐뜯어 험상궂게 말하다. =흠담하다.
● 흠뜯다(欠뜯다) : 남의 흠을 꼬집어 말하다.

'흠잡다'는 '흠잡을 데 없다'라는 부정형 표현으로 자주 사용하는데, 그 부정형 표현이 긍정적인 뜻을 갖는다. 한편, '흠잡을 데 없다'라는 표현을 뜻하는 단어도 있다.

● 무흠하다(無欠하다) :
① 흠이 없다.

② 사귀는 사이가 허물없다.

　예) 그 사람이 그렇게 무흠하고 다정한 줄 몰랐다.

● 완전무흠하다(完全無欠하다) : 충분히 갖추어져 있어 아무런 결점이
없다. =완전무결하다.

‘흠결(欠缺, 부족할 흠, 모자랄 결)’은 단순히 부족한 게 아니라, 완전
한 상태에 비해 약간 부족한 부분이 있음을 가리킨다.

● 흠결(欠缺) : 일정한 수효에서 부족함이 생김. 또는 그런 부족. =흠축.
　예) 전하께서 왕위를 이어받으신 초기에는 간언(諫言)을 따르시는 미
　덕이 거의 흠결이 없었으므로 사람마다 용기를 갖고 모두가 스스로
　하고 싶은 말을 다 하려고 생각하였으나….(번역《효종실록》)

그렇다면 ‘흠’에 해당하는 진짜 우리말 표현은 없을까?

● 티 :
① 먼지처럼 아주 잔 부스러기.
　예) 눈에 티가 들어갔다.
② 조그마한 흠.
　예) 티 없이 맑은 목소리.

‘티’는 뉘앙스가 ‘흠’과 약간 다르지만, 뜻은 비슷함을 알 수 있다.

● 군티 : 물건에 생긴 조그마한 흠.
　예) 그 도자기는 군티 하나 없이 깨끗했다.

'군티'는 '군+티'인데, '티'보다는 '흠'에 더 가까운 듯하다.
한편 이때 '군'은 접두사다.

● 군- : (일부 명사 앞에 붙어)
　①'쓸데없는'의 뜻을 더하는 접두사.
　　예) 군 것. / 군글자. / 군기침.
　②'가외로 더한', '덧붙은'의 뜻을 더하는 접두사.
　　예) 군사람. / 군식구.

'군티'의 '군-'은 첫 번째 뜻이건 두 번째 뜻이건 모두 그럴듯하다.

노루

45

솔직히 말하자면 노루 본 적 없다.

그래서 노루와 사슴이 어떻게 다른지, 아니 노루가 사슴과 비슷한지 여우와 비슷한지, 그것도 아니면 양과 비슷한지도 모른다. 많은 이들이 그럴 것이다. 하기야 사슴도 본 적이 별로 없는 건 마찬가지다. 그래도 사슴은 텔레비전에서 가끔 볼 수 있는데, 노루는 본 기억이 없다.

그러니 노루를 보려면 동물원에 가야 할 것이다.

● 노루 : 사슴과의 포유류. 몸은 1~1.2m, 어깨의 높이는 65~86cm이다. 여름에는 누런 갈색이고 겨울에는 누런 흙색으로 꽁무니에 흰 반점이 나타난다. 수컷은 세 갈래로 돋은 뿔이 있는데 겨울에 빠지고 봄에 새로 나며, 꼬리는 흔적만 남아 있다. 한국, 아무르, 중국, 유럽 등지에 분포한다.

사전 설명을 보니 노루가 사슴과 비슷한 건 맞는 듯하다. 그렇다면 과거에는 어땠을까? 현대로 접어들기 전에는 노루가 흔했을까? 흔했던 듯하다.

[관용구]

● 노루 꼬리만 하다 : 매우 짧다.

예) 노루 꼬리만 한 겨울 해가 벌써 산 너머로 지고 있다.

● 노루 잠자듯 : 깊이 잠들지 못하고 여러 번 깨어남을 비유적으로 이르는 말.

[속담]

● 노루가 제 방귀에 놀라듯 : 남몰래 저지른 일이 염려되어 스스로 겁을 먹고 대수롭지 아니한 것에도 놀람을 비유적으로 이르는 말.

● 노루 꼬리가 길면 얼마나 길까 : 보잘것없는 재주를 지나치게 믿음을 비웃는 말.

● 노루 때린 막대기 :

① 어쩌다가 노루를 때려잡은 막대기를 가지고 늘 노루를 잡으려고 한다는 뜻으로, 요행을 바라는 어리석음을 비유적으로 이르는 말.

② 지난날의 방법을 가지고 덮어놓고 지금에도 적용하려는 어리석음을 비유적으로 이르는 말.

● 노루 때린 막대기 세 번이나 국 끓여 먹는다 : 조금이라도 이용 가치가 있을까 하여 보잘것없는 것을 두고두고 되풀이하여 이용함을 비유적으로 이르는 말.

● 노루 잡는 사람에 토끼가 보이나 : 큰일을 꾀하는 사람에게 하찮고 사소한 일은 보이지 않음을 비유적으로 이르는 말.

노루가 등장하는 관용구나 속담이 많은 것을 보면, 과거에는 노루가 매우 친근한 동물이었음을 알 수 있다.

그뿐이 아니다.

● 노루걸음 : 노루가 걷는 것처럼 경중경중 걷는 걸음.

　예) 노루걸음으로 걸어가다.

● 노루글 : 노루가 경중경중 걷는 것처럼 내용을 건너뛰며 띄엄띄엄 읽는 글.

● 노루뜀 : 노루가 뛰는 것처럼 경중경중 뛰는 뜀.

● 노루목 :

　① 노루가 자주 다니는 길목.

　② 넓은 들에서 다른 곳으로 이어지는 좁은 지역.

● 노루발 :

　① 과녁에 박힌 화살을 뽑는 도구. 노루발(②)처럼 끝이 갈라지게 쇠붙이로 만들었다. =장족.

　② 한쪽은 뭉뚝하여 못을 박는 데 쓰고, 다른 한쪽은 넓적하고 둘로 갈라져 있어 못을 빼는 데 쓰는 연장. =노루발장도리.

　③ 재봉틀에서, 바늘이 오르내릴 때 바느질감을 눌러 주는 두 갈래로 갈라진 부속.

● 노루잠 : 깊이 들지 못하고 자꾸 놀라 깨는 잠.

↑ 노루발장도리. 이를 '노루 장(獐)' 자를 써서 '장족(獐足)장도리'라고도 부른다.

약한 까닭에 겅중겅중 뛰어서 도망가야 할 뿐 아니라, 잠도 깊이
잘 수 없는 노루의 삶을 빗댄 단어도 적지 않다.

게다가 잎이 노루 발을 닮은 풀도 여러 가지가 있는 듯하다.

- 노루귀 : 미나리아재빗과의 여러해살이풀. 잎은 뿌리에서 나고 세 갈
래로 갈라진다. 어린잎은 식용하고 전체를 약용한다. 산지의 숲 밑에
자라는데 우리나라 각지에 분포한다.

- 노루발 : 노루발과의 상록 여러해살이풀. 잎은 1~8개가 밑부분에 뭉
쳐난다.

- 노루삼 : 미나리아재빗과의 여러해살이풀. 높이는 40~70cm이며,
잎은 어긋나고 2~3회 갈라진 우상 복엽이다.

- 노루오줌 : 범의귓과의 여러해살이풀. 줄기는 높이가 30~70cm이고
긴 갈색 털이 있으며, 잎은 어긋나고 2~5회 세 갈래로 갈라진다.

- 노루참나물 : 산형과의 여러해살이풀. 높이는 30~80cm이며, 잎은
어긋나고 두 번 세 갈래로 갈라지는 겹잎이다.

명칭에 '노루'가 들어가는 식물은 여러 종류인데, 대부분 잎이 두
셋으로 갈라지는 공통점을 갖는다.

까치와 까마귀

46

까치는 우리 겨레와 밀접한 관계를 맺고 있는 새다. 그것도 모두에게 환영받는 길조(吉鳥)다.

- 까치 : 까마귓과의 새. 머리에서 등까지는 검고 윤이 나며 어깨와 배는 희다. 이 새가 울면 반가운 손님이 온다 하여 길조(吉鳥)로 여겼으나 최근에는 개체 수가 증가하여 과실나무 농가에 피해를 주기도 한다. 사람의 집 근처에 사는데 한국, 일본, 중국, 유럽 등지에 분포한다. ≒ 희작(喜鵲).
  예) 아침에 까치가 와서 짖었어.

사전 설명을 보면 알 수 있듯 까치는 까마귓과에 속하는 새다. 까치를 한자로 '희작(喜鵲, 기쁠 희, 까치 작)'이라고 부르는 걸 보면, 까치가 얼마나 길조로 대접받는지 알 수 있다.

그렇다면 까치가 속한 까마귓과의 대표 까마귀도 우리 겨레에 환영을 받을까? 정반대다. 까마귀는 우리에게 '흉조(凶鳥)'로 인식된다.

- 흉조(凶鳥) : 관습적으로 불길한 일을 가져온다고 여기는 새.
- 길조(吉鳥) : 관습적으로 좋은 일을 가져온다고 여기는 새.
- 까마귀 : 까마귓과의 새를 통틀어 이르는 말. 몸은 대개 검은색이며,

번식기는 3~5월이다. 어미 새에게 먹이를 물어다 준다고 하여 '반포조' 또는 '효조'라고도 한다. 잡식성으로 갈까마귀, 떼까마귀, 잣까마귀 따위가 있다. ≒오아, 자오, 취세아, 한아, 한조.

홍조로 인식되는 까마귀지만, 사전 설명에서 보듯 효성이 지극한 새로 여기기도 한다.

- 효조(孝鳥, 효도 효, 새 조) : 까마귀가 어미에게 먹이를 물어다 주어 보은한다는 데에서 유래한 말로, '까마귀'를 달리 이르는 말.
- 반포조(反哺鳥, 되돌릴 반, 먹을 포, 새 조) : 어미 새에게 먹을 것을 물어다 주는 새라는 뜻으로, '까마귀'를 이르는 말.
- 자조(慈鳥, 사랑할 자, 새 조) : 새끼가 어미에게 먹이를 날라다 주는 인자한 새라는 뜻으로, '까마귀'를 이르는 말.

이 아름다운 뜻을 갖는 단어가 모두 까마귀를 뜻한다. 그래서 그런지 옛 선비들의 글을 읽다 보면 '반포지효(反哺之孝)'(까마귀 새끼가 자라서 늙은 어미에게 먹이를 물어다 주는 효도라는 뜻으로, 자식이 자란 후에 어버이의 은혜를 갚는 효성을 이르는 말) 같은 표현이 자주 등장한다.

같은 과에 속하는 두 종류가 이렇게 다르게 인식되는 경우도 흔치 않을 듯하다. 왜 그럴까?

사실 까마귀는 세계 곳곳에서 영험한 새로 인식되고 있다. 어느 지방에서는 길조로, 또 다른 지방에서는 흉조로 인식하지만, 어떤 방식이건 인간의 삶에 영향을 미치는 새로 인식하는 것은 분명하다. 이웃 일본에서는 까마귀를 길조로 여긴다. 일본 여행을 다녀온 사람들은 알겠지만, 도쿄 시내 한복판에서 새벽부터 울어대는 까마귀 소리를 듣는 건 예삿일이다.

까치와 까마귀는 지능이 뛰어난 새로 유명하다. 까치와 까마귀가 인간에게 신화, 감정, 생활과 관련해 영향을 끼치는 것은 그 새들의 지능 높은 행동, 그리고 검은색 때문일 것이다.

까치와 까마귀가 긍정적이건 부정적이건 인간과 관련을 맺고 살아가는 까닭에 이들과 관련된 표현 역시 많다. 속담 사전을 찾아보면, 두 새와 관련한 표현이 얼마나 많은지 알 수 있다. 그 가운데 몇 개만 살펴보자.*

● 까마귀가 검어도 알은 희다 : 사람이나 짐승이나 겉모양을 보고 인품을 판단하지 말라는 뜻. 또한 겉모습은 흉해 보여도 속내는 오히려 순수하다는 뜻으로 빗대는 말. =까마귀 겉 검다고 속까지 검으랴.

● 까마귀가 까치보고 검다고 한다 : 못난 사람이 저보다 나은 처지에 있는 사람을 흉본다는 뜻으로 빗대는 말.

● 까마귀가 먹칠해서 까말까? : 후천적인 것이 아니라 타고난 것이라는 뜻으로 빗대어 이르는 말.

● 까마귀가 백로 되거든 : 전혀 가망성이 없는 일이라는 뜻으로 빗대어 이르는 말.

● 까마귀가 학이 되며, 기생이 열녀 되랴 : 아무리 애쓴다 해도 제 근본을 쉽게 바꿀 수는 없다는 뜻으로 빗대어 이르는 말.

● 까치가 뒤집어 나는 짓거리를 한다 : 도저히 가능하지 않은 일이거나, 엉터리없는 짓이라는 뜻으로 빗대는 말.

● 까치가 맨발로 다니니까, 오뉴월로 안다 : 겨울에 문을 닫지 않거나,

---

* 정종진,《한국의 속담 대사전》, 태학사, 2006.

옷을 든든히 입지 않은 사람을 두고 핀잔하는 말.

● 까치도 남의 입에 너무 오르면 까마귀가 된다 : 사람의 입이 험하기 때문에, 착한 사람도 남의 입에 많이 오르내리면 몹쓸 사람이 될 수 있다는 뜻으로 빗대는 말.

● 까치 배때기 같은 소리 : 까치 뱃바닥이 희다는 데서 비롯된 말로, 흰소리 즉 허풍이 심하고 큰소리 잘하는 사람을 빗대는 말.

● 까치집에 비둘기 들어 있다 : 남의 집에 가서 주인인 척한다는 뜻이거나, 전혀 어울리지 않는다는 뜻으로 빗대는 말.

까치는 한자로 '작(鵲, 까치 작)'이다. 반면 까마귀는 '오(烏, 까마귀 오)'다.

까치와 까마귀는 중국, 그리고 중국의 영향을 받은 고대 한국에서도 다양한 신화 또는 민속에 등장하는데, 다음 한자어 표현을 보면 알 수 있다.

● 오작교(烏鵲橋) : 까마귀와 까치가 은하수에 놓는다는 다리. 칠월 칠석날 저녁에, 견우와 직녀를 만나게 하기 위하여 이 다리를 놓는다고 한다.

● 오비이락(烏飛梨落) : 까마귀 날자 배 떨어진다.

● 오합지졸(烏合之卒) : 까마귀가 모인 것처럼 질서가 없이 모인 병졸이라는 뜻으로, 임시로 모여들어서 규율이 없고 무질서한 병졸 또는 군중을 이르는 말. ≒오합지중, 와합지졸.

● 삼족오(三足烏) : 동양 신화에 나오는, 태양 속에서 산다는 세 발을 가진 까마귀.

한편 '오(烏)'는 '까만색'을 뜻할 때도 쓴다. 까마귀가 하도 까맣기 때문에 그럴 것이다.

- 오골계(烏骨鷄) : 닭 품종의 하나. 살, 가죽, 뼈가 모두 어두운 자색(紫色)이며 털은 보통 흰색, 검은색, 붉은 갈색으로, 체질이 약하고 산란 수가 적다.
- 오죽(烏竹) : 대의 일종으로 높이는 2~20m, 지름은 5~8cm이다. 줄기는 첫해에는 녹색으로 솜대와 비슷하지만, 다음 해부터 자흑색으로 변하고, 잎은 피침 모양이다.

지금까지 살펴본 표현은 까치와 까마귀에 관한 것 가운데 극히 일부다. 이제부터 진짜 두 새에 관한 표현을 살펴보자.

먼저 까마귀가 등장한다.

- 까마귀머루 : 포도과의 덩굴나무. 잎은 다섯 갈래로 갈라지고 어긋나며, 여름에 황록색의 꽃이 핀다. 열매는 검은빛을 띤 자주색이며 신맛이 나고, 술을 담근다.

이 열매는 두말할 나위 없이 까말 것이다. 까만 것을 가리키는 표현은 많다.

- 까마귀발 : 때가 덕지덕지 낀 시꺼먼 발을 비유적으로 이르는 말. = 까마귀손.
- 까마귀사촌 : 몸에 때가 끼어 시꺼먼 사람을 놀림조로 이르는 말. 예) 통 씻지를 못했는지 그의 모습은 영락없는 까마귀사촌이었다.

다음 표현은 까맣다기보다는 캄캄한 모습을 나타낸다.

● 까마귀소식(까마귀消息) : 소식이 전혀 없음을 비유적으로 이르는 말.
예) 그는 떠난 지 1년이 넘었는데 까마귀소식이다.

다음은 까치다.

● 까치걸음 : 두 발을 모아서 뛰는 종종걸음.
● 까치발 : 발뒤꿈치를 든 발.

까치의 발과 그 발로 걷는 모습에서 유래한 표현들이다.

● 까치눈 : 발가락 밑의 접힌 금에 살이 터지고 갈라진 자리.

이 표현들에 왜 까치가 등장하는지 잘 모르겠는데, 아마 상처 부위 모양이 까치 눈처럼 생겼기 때문이 아닐까 싶다.

● 까치설날 : 어린아이의 말로, 설날의 전날 곧 섣달그믐날을 이르는 말. ≒까치설.
● 까치설빔 : 까치설날에 입는, 아이들의 설빔.
● 까치저고리 : 까치설빔으로 입는 어린아이의 색동저고리. 요즈음에는 설날뿐 아니라 다른 명절이나 아기 돌에도 입는다.
● 까치밥 : 까치 따위의 날짐승이 먹으라고 따지 않고 몇 개 남겨 두는 감.

잎 진 감나무의 모습은 참으로 아름답다. '잎 진'이라는 표현에서 스산하고 쓸쓸한 모습을 떠올리는 사람이 있을지도 모르는데, 감나무는 잎이 진 다음에 비로소 불타는 모습을 연출한다. 붉은 감 수백 개가 늦가을 하늘을 배경으로 허공에 열린 모습은 본 사람들만이 느끼는 놀라움을 전한다. 그 많은 감을 하나하나 딴 다음 나무 맨 위쪽에 감 몇개를 남겨 놓는데, 그걸 가리켜 '까치밥'이라고 한다. 동물과 인간, 자연이 공생하는 상징이다.

도깨비

47

도깨비를 우리 겨레의 상징으로 여기는 사람들이 꽤 많다. 도깨비가 처음 등장하는 것이 《삼국유사》이니, 삼국시대부터 우리 겨레와 함께했다고 할 수 있다.

그렇다고 도깨비가 순수하게 우리 겨레의 창작물은 아니고, 동양에서는 오래전부터 존재했던 민간신앙의 산물이다. 그래도 우리나라에 들어와 우리 겨레만의 도깨비로 거듭난 것도 사실이니, 우리 겨레의 상징이라고 해도 크게 어긋나지는 않을 것이다.

도깨비의 특징으로는 장난을 좋아함, 꾀가 없고 미련함, 기본적으로 도덕적임, 노래·춤·놀이를 즐김, 밤에만 나타남 따위를 들 수 있다. 그러니 두려운 존재라기보다는 사람과 함께 살아가는 귀여운 악동 같은 이미지임을 알 수 있다.

● 도깨비 :
① 동물이나 사람의 형상을 한 잡된 귀신의 하나. 비상한 힘과 재주를 가지고 있어 사람을 홀리기도 하고 짓궂은 장난이나 심술궂은 짓을 많이 한다고 한다. ≒괴귀, 독각대왕, 망량.
② 주책없이 망나니짓을 하는 사람을 비유적으로 이르는 말.

사전을 보면 도깨비는 '잡된 귀신'이다. 그러니 우리 삶을 좌지우지하는 존재는 아니다. 그 대신 장난이나 심술궂은 짓을 하면서 우리와 함께 울고 웃는 존재인 셈이다. 그래서 그런지 도깨비가 등장하는 속담은 무척 많다.

- 도깨비 기왓장 뒤(지)듯 : 집안이 망하려면 도깨비가 기왓장을 뒤져 흐트러뜨린다는 이야기에서 나온 것으로, 쓸데없이 이것저것 분주하게 뒤지기만 하는 모양을 비유적으로 이르는 말.
- 도깨비는 방망이로 떼고 귀신은 경으로 뗀다 : 귀찮은 존재를 떼는 데는 특수한 방법이 있다는 말.
- 도깨비 달밤에 춤추듯 : 멋없이 거드럭거리는 모양을 비유적으로 이르는 말.
- 도깨비 대동강 건너듯 : 일의 진행이 눈에 띄지는 않으나 그 결과가 빨리 나타나는 모양을 비유적으로 이르는 말.
- 도깨비도 수풀이 있어야 모인다 : 언덕이 있어야 소도 가려운 곳을 비비거나 언덕을 디뎌 볼 수 있다는 뜻으로, 누구나 의지할 곳이 있어야 무슨 일이든 시작하거나 이룰 수가 있음을 비유적으로 이르는 말. =소도 언덕이 있어야 비빈다.
- 도깨비 땅 마련하듯 : 무엇을 하기는 하나 결국 아무 실속 없이 헛된 일만 하는 모양을 비유적으로 이르는 말.
- 도깨비를 사귀었나 : 까닭도 모르게 재산이 부쩍부쩍 늘어 가는 경우를 비유적으로 이르는 말.
- 도깨비도 무식하면 부적이 소용없다 : 무식한 사람한테는 아무것도 통하지 않는다는 뜻으로 이르는 말.(이하 정종진, 《한국의 속담 대사전》)
- 도깨비 방귀라도 옮아매겠다 : 재주가 빼어나다는 뜻으로 비유해 이르는 말.

- 도깨비 여울물 건너는 소리 : 도무지 알아듣지 못할 말이라는 뜻으로 빗대는 말.
- 도깨비하고 씨름하는 격 : 정체가 불분명해서 종잡을 수 없다는 뜻으로 쓰는 말.

이 외에도 도깨비가 등장하는 속담은 많다. 그러나 도깨비의 활약은 속담에 그치지 않는다.

한편, '도깨비'가 들어가는 단어 가운데는 국어사전에서 가장 긴 단어도 있다.

- 도깨비대동강건너가기(도깨비大洞江건너가기) : 버나 재주의 하나. 돌아가는 대접을 받친 앵두나무 막대기를 다섯 손가락 위에다 번갈아 바꾸어 가며 돌리는 동작이다.

'도깨비대동강건너가기'라는 단어는 띄어 쓰면 안 된다. 한 단어니까. 이런 단어를 아는 사람도 드물 것이고, 써 본 사람은 더더욱 없을 것이다.

'버나'는 남사당이 하는 재주 가운데 한 가지인데, 본 사람들은 많아도 그 명칭을 아는 이는

↑ 버나돌리기. 원래 버나는 지름 30~35cm, 두께 3~4cm쯤 되는 쳇바퀴를 뜻하는데, 버나돌리기에 주로 사용되면서 놀이 자체를 가리키는 이름이 되었다.

드물 것이다.

● 버나 : 남사당놀이의 둘째 놀이. 사발이나 대접 따위를 두 뼘가량
의 막대기나 담뱃대 따위로 돌리는 묘기이다. ≒대접돌리기, 버나돌
리기.

앞서 속담 가운데 "도깨비는 방망이로 떼고 귀신은 경으로 뗀다"
는 게 있다. 그러니 도깨비에게 방망이는 매우 안 좋은 것으로 보이
는데, 과연 그럴까?

● 도깨비방망이 : 도깨비가 가지고 다닌다는 방망이. 이것을 휘두르면
소원이 이루어진다고 한다.

도깨비방망이 하나만 있으면 세상이 두렵지 않을 것이다. 속담에
도 도깨비를 사귀면 재산이 부쩍부쩍 늘어난다고 했는데, 그 외에
도깨비를 곁에 두어야 할 이유는 또 있다.

● 도깨비감투 :
① 머리에 쓰면 자기 몸이 다른 사람의 눈에 보이지 않는다고 하는
감투.
예) 도깨비감투와 금방망이를 얻으면 세상에 못 할 짓이 없고 남의
재물을 훔쳐 와도 아무 눈에 뜨이지 않는다는 것을….(이기영, 《봄》)
② 신기한 조화를 부리는 사람이나 사물.

도깨비감투는 전래동화에도 등장하는 낯익은 물건이다.

그렇다고 도깨비를 늘 곁에 두면 안 된다.

- 도깨비놀음 : 갈피를 잡을 수 없을 만큼 괴상하게 되어 가는 일을 비유적으로 이르는 말.
- 도깨비소리 : 내용이 전혀 없고 사리에 맞지 않는 터무니없는 이야기를 속되게 이르는 말.
- 도깨비짓 :
  ① 도깨비가 사람을 홀리려고 하는 짓.
  ② 주책이 없는 망나니짓을 비유적으로 이르는 말.
  　예) 친구는 후배가 한밤중에 찾아와 도깨비짓을 벌여도 반갑게 맞아 주었으므로 후배들에게 인기가 좋았다.
- 도깨비불 :
  ① 밤에 무덤이나 축축한 땅 또는 고목이나 낡고 오래된 집에서 인 따위의 작용으로 저절로 번쩍이는 푸른빛의 불꽃. ≒귀린, 귀화, 음화, 인화.
  ② 까닭 없이 저절로 일어나는 불. ≒신화.

혹시 '도깨비시장'이라는 말을 들어 보았는가?

- 도깨비시장(도깨비市場) : 상품, 중고품, 고물 따위 여러 종류의 물건을 도산매·방매·비밀 거래 하는, 질서가 없고 시끌벅적한 비정상적 시장. =도떼기시장.

　무질서하고 시끌벅적하고 비정상적으로 보이는 모양 때문에 '도깨비'라는 말이 붙은 것 같다. 이와 같은 말 '도떼기시장'은 지금도 널리 쓰이는 유명한 말이다.

한편 '도떼기'라는 말은 "물건을 나누지 않고 한데 합쳐 흥정하거나 사고 파는 일"로, 반대말은 '낱떼기'라고 한다는데,[*] 이에 따르면 도떼기는 '도매', 낱떼기는 '소매'인 셈이다.

---

[*] 장승욱, 《도사리와 말모이, 우리말의 모든 것》, 하늘연못, 2010.

알고 보면 어렵지 않은 말

좌우명

48

"당신의 좌우명은 무엇입니까?"

갑자기 이런 질문을 받으면 대부분은 당황스러워한다. 특별히 좌우명을 새기고 살아가는 사람은 흔치 않기 때문이다. 게다가 사람들은 자기 자신에게는 관대하고 남에게는 엄격한 편이라 "착하게 살자"라거나 "꿈은 크게, 현실은 성실하게" 같은 좌우명을 갖는 사람은 많겠지만, 실제로 그렇게 사는 사람은 거의 없다. 그러니 좌우명 이야기가 나오면 당황하는 게 어쩌면 당연하다.

그런데 더욱 당황할 일은 좌우명이라는 단어다. '좌우명'의 한자를 이렇게 생각하는 사람이 흔할 것이다.

● 좌우명(左右名, 왼쪽 좌, 오른쪽 우, 이름 명)

이를 한자로 풀어 보면 '왼쪽과 오른쪽에 써 놓은 이름'으로 그럴듯하다. 그러나 이런 단어는 없다.

● 좌우명(座右銘) : 늘 자리 옆에 갖추어 두고 가르침으로 삼는 말이나 문구.

예) 좌우명으로 삼다.

'좌우명(座右銘, 자리 좌, 오른쪽 우, 새길 명)'은, 자리 오른쪽에 새겨 둔 좋은 말인 셈이다.

좌(座)는 '자리'를 가리키는 한자인데, 여러 뜻으로 쓴다.

● 계좌(計座) : 금융기관에 예금하려고 설정한 것.

● 강좌(講座) : 일정한 주제에 대한 지식을 체계적으로 전달하기 위하여 편성한 강습회, 출판물, 방송 프로그램 따위를 이르는 말.

그렇다고 해도 '좌우'는 역시 한자 '左右'(왼쪽 좌, 오른쪽 우)로 자주 사용한다.

[역사 용어] ● 좌의정(左議政) - 우의정(右議政)

[야구 용어] ● 좌익수(左翼手) - 우익수(右翼手)

[정치 용어] ● 좌파(左派) - 우파(右派)

[사자성어] ● 좌고우면(左顧右眄) : 이쪽저쪽을 돌아본다는 뜻으로, 앞뒤를 재고 망설임을 이르는 말.

● 좌충우돌(左衝右突) : 이리저리 마구 찌르고 부딪침.

● 우왕좌왕(右往左往) : 이리저리 왔다 갔다 하며 일이나 나아가는 방향을 종잡지 못함.

● 좌지우지(左之右之) : 이리저리 제 마음대로 휘두르거나 다룸.

이모지년二毛之年

흰머리와 노안(老眼)은 사람이 늙어 간다는 대표적인 신호다. 물론 지팡이를 짚는 것도 그렇지만, 최근에는 노인보다도 등산하는 사람들이 지팡이(이 경우 '등산 스틱'이라고 한다)를 더 많이 짚는다.

그렇다면 흰머리와 노안은 언제쯤부터 올까?

많은 사람들이 흰머리와 노안이 생각보다 빨리 찾아와 당황스러워한다. 40대가 되어서 막 인생을 제대로 시작해 보려는데 노안이 찾아왔다며 우울증에 빠지기도 한다.

그러나 조선시대에 40대면 상당한 어른 대접을 받았다. 많은 사람들이 40대에 접어들어 죽음을 생각하기도 했다. 대표적인 조선 학자 율곡 이이는 1536년에 태어나 1584년에 사망했으니 49세까지밖에 살지 못했다. 수많은 업적을 남긴 세종은 54세를 일기로 사망했으니, 살아생전에는 한시도 쉬지 못했을 것이다. 조카를 죽이고 왕위에 올라 온갖 비난을 다 받은 세조 역시 52세밖에 못 살았다.

조선시대에 장수한 것으로 꼽히는 몇몇 임금, 그러니까 영조(83세), 태조 이성계(74세)를 제외하면 70세를 넘긴 왕은 없다. 그러니 흰머리와 노안이 온다고 서러워하기보다는 그동안 열심히 못 산 것을 탓할 일이다.

'이모지년(二毛之年)'이라는 표현이 있다.

● 이모지년(二毛之年) : 흰 머리털이 나기 시작하는 나이라는 뜻으로, 32세를 이르는 말. 늑이모.

유명한 《삼국지》 시대가 끝나면서 시작된 위진남북조시대의 중심에 서진(西晉)이 있는데, 서진은 삼국시대를 천하 통일하면서 수립된 나라다. 그런데 왜 서진이라고 했는가? 진나라가 흉노에 멸망하면서 그 뒤를 이어 동진(東晉)이 다시 섰기 때문에 앞의 나라를 서진이라고 부르는 것이다. 서진 시대에 활동한 시인 가운데 반악(潘岳, 247~300)이 있는데, 그는 시도 잘 지었지만 더 유명한 것이 수려한 외모였다. 그가 지은 〈추흥부(秋興賦)〉, 즉 '가을 흥취를 노래함'에 이런 대목이 나온다.

"내 나이 서른두 살에 처음 흰 머리를 보았네(余春秋三十有二 始見二毛)."

그때부터 32세를 '이모지년'이라고 부르기 시작했다.

표현을 보면 인간의 노화가 언제부터 시작되는지 알 수 있다. 그렇다고 서른두 살부터 자신이 늙었다고 여기는 사람은 흔치 않을 것이다. 하지만 반악은 워낙 잘생겨서 뭇 사람들의 시선을 받다 보니, 오히려 한두 올 나는 흰머리에 더욱 신경 썼을지 모른다.

흰머리가 나건 노안이 오건 너무 애달파하지 말 일이다. 오직 애달파할 일은 우리가 우리 삶의 주인으로 살지 못하는 것일 테니까.

한편 '이모(二毛)'는 사람의 털만을 뜻하지 않는다.

● 이모작(二毛作) : 같은 땅에서 1년에 종류가 다른 농작물을 두 번 심어

거둠. 또는 그런 방식. 논에서는 보통 여름에 벼, 가을에 보리나 밀을 심어 가꾼다. ≒두그루부치기, 두그루심기, 양그루, 양글, 양모작.

이모작에서 '모(毛)'는 벼나 보리, 밀 같은 1년생 식용작물을 가리킨다.

염치와 파렴치

50

● 염치(廉恥) : 체면을 차릴 줄 알며 부끄러움을 아는 마음.

'염치(廉恥, 청렴할 렴, 부끄러워할 치)'는 '깨끗하면서도 부끄러움을 아는 마음'인 셈이다. 사전을 보면 '체면(體面, 몸 체, 얼굴 면)'을 차리는 것 역시 염치에 속한다.

그런데 오늘날 체면이라는 단어는 긍정적으로 쓰지 않는 듯하다.

● 체면(體面) : 남을 대하기에 떳떳한 도리나 얼굴.
예) 체면을 차리다. / 체면이 깎이다.

"체면 따위가 밥 먹여 주냐?"는 말이 오가는 세상이니 말이다. 그런데 그런 말을 하는 사람일수록 남을 더 의식하는 듯하다.

사실 체면은 눈에 보이지 않는 도리와 당당함을 뜻한다. '체면을 차린다'는 말은 누구에게나 떳떳한 태도와 마음을 지니는 것이다. 그런데 오늘날 사람들은 눈에 보이지 않는 체면은 버리고, 대신 눈에 보이는 물건이나 차, 옷 따위로 자신을 드러내는 듯하다.

"아무리 소중한 가치라 한들 다른 사람 눈에도 보이지 않는 걸 지켜서 무엇 하리. 그 누구도 알아주지 않을 텐데. 나는 다른 사람이 봐 주는 게 좋다. 그러니 비싼 차, 비싼 가방, 비싼 시계를 살 거다."

눈에 보이는 것으로 자신을 드러내는 것은 체면이 아니라 체면치
레다.

● 체면치레(體面치레) : 체면이 서도록 일부러 어떤 행동을 함. 또는 그
행동. ＝면치레.
예) 체면치레에 불과한 일. / 체면치레로 하는 말.

'체면치레'는 사전에서 보듯 부정적인 뜻을 갖는다. 진짜 체면을
잃은 사람들이 이를 감추기 위해 보이는 체면치레를 하는 셈이다.
염치는 매우 중요한 덕목이다. 남 앞에서 자신의 부족함을 느끼는
것은 발전을 향한 첫걸음이다.
그래서 염치를 잃은 사람은 자신의 부족함을 인정하지 않을 뿐 아
니라, 다른 사람에게 피해도 준다.

● 파렴치(破廉恥) : 염치를 모르고 뻔뻔스러움.
예) 파렴치 범죄. / 파렴치 행위.

'파렴치(破廉恥, 깨뜨릴 파, 청렴할 렴, 부끄러울 치)'는 '염치를 깨 부수
는 것'이다. 사실 '파렴치' 자체만으로는 누구에게도 피해를 주지
않을지 모른다. 그저 부끄러움을 모르는 인간일 뿐이니까. 그러나
뻔뻔한 사람은 그런 행동을 할 수밖에 없고, 그러한 행동으로 인해
이웃과 사회에 피해를 주기 마련이다. 그런 인간을 가리키는 말이
있다.

● 파렴치한(破廉恥漢) : 체면이나 부끄러움을 모르는 뻔뻔스러운 사람.

예) 그 범인은 도덕심이라곤 찾을 수 없는 파렴치한이다.

파렴치한이 한 걸음 더 나아가면 죄인이 된다.

- 파렴치범(破廉恥犯) : 도덕에 어긋나는 동기나 원인으로 인하여 성립하는 범죄. 또는 그런 범인. 살인죄, 강간죄 따위이다.
- 파렴치죄(破廉恥罪) : 도덕적으로 비난을 받는 범죄를 통틀어 이르는 말. 살인죄, 강간죄, 방화죄 따위이다.

파렴치보다는 조금 낫다고 할 수 있을까? 이런 표현도 있다.

- 몰염치(沒廉恥) : 염치가 없음.

파렴치나 몰염치나 오십보백보인 셈이다.

한편 생활 속에서는 '염치 불구하고'라는 표현을 자주 쓴다. 그러나 이 표현은 '염치 불고하고'가 옳은 표현이다. 일반적으로 상대방에게 무언가를 부탁할 때 주로 쓴다. 다른 말로 하자면 '염치없지만'인 셈이다.

- 불구하다(不拘하다) : ('-에도/음에도/-ㄴ데도 불구하고' 구성으로 쓰여) 얽매여 거리끼지 아니하다.

  예) 우리 삶의 이상도 끝내는 도달할 수 없음에도 불구하고 서로의 무지를 이용해 거짓말을 하고 또 속는 것이나 아닐까?(이문열, 《시대와의 불화》)

- 불고하다(不顧하다) :

① 돌아보지 아니하다.

　예) 운양은 아예 아래로 내려와 염치 불고하고 이 판서 옆에 비집고

누웠다."(현기영,《변방에 우짖는 새》)

② 돌보지 아니하다.

　예) 처자식을 불고하다.

　부디 우리 사회가 염치를 지키고 체면을 지키는 곳이 되기를, 튼

튼한 가방을 멘 후 경제적인 차에 올라 정확한 시계를 보기를 간절히

빈다.

융단

51

'융단(絨緞: 융 융, 비단 단)'은 "양털 따위의 털을 표면에 보풀이 일게 짠 두꺼운 모직물"을 가리킨다. '모직물(毛織物)'은 "털실로 짠 물건을 통틀어 이르는 말"이다. 따라서 융단은 '부드러운 짐승의 털 또는 그와 같은 털실로 보풀이 일게 짠 것'을 가리킨다. 융단은 다른 말로 '양탄자'라고도 하고 영어로는 '카펫(carpet)'이라고 하는데, 우리에게는 카펫이 더 친근하다. 생활에서 융단보다 카펫을 자주 쓰기 때문이다.

융단보다 자주 쓰는 표현으로 '융(絨)'이라는 말이 있다. 뜻은 "면사를 사용하여 평직 또는 능직으로 짠 후 보풀이 일게 한 직물"이다. 무척 어려운데, 쉽게 말해서 흠이 나면 안 되는 물건을 닦을 때 사용하는 부드러운 천이 융이다. 흔히 '융타올'이라고도 하는데, '융'이 맞는 표현이다.

융단이라는 단어를 자주 사용하지는 않지만 우리 귀에 익숙한 이유는 '융단폭격'이라는 무시무시한 단어 때문이다.

● 융단폭격(絨緞爆擊) : 여럿 또는 많은 수의 폭격기가 일정한 지역을 대상으로 철저하게 폭격하는 일.

그러니까 수많은 폭격기가 엄청난 폭탄을 싣고 가 일정 지역에 무차별적으로 쏟아붓는 폭격을 가리킨다. 그 결과 한 지역이 카펫처럼 낮고 평탄하게 변하기 때문에 융단폭격이라는 표현이 탄생했다. 영어로 'carpet bombing'이라고 하니까, 처음 융단폭격을 한 서양 군인들도 그 결과를 알고 있었던 셈이다. 그러니 오늘날 전쟁에서 인도주의가 어쩌고저쩌고하는 짓은 참으로 위선적이라고 불러도 무방하다.

융단에 들어가는 한자 '단(緞)'은 비단을 뜻한다. 융단은 비단은 아니지만 비단처럼 고급 직물인 것은 분명하다. 그래서 단(緞)은 비단 종류, 또는 그에 준하는 고급 옷감을 나타낼 때 자주 쓴다.

- 양단(洋緞) : 은실이나 색실로 수를 놓고 겹으로 두껍게 짠 고급 비단의 하나.
- 공단(貢緞) : 두껍고, 무늬는 없지만 윤기가 도는 비단. 고급 비단에 속한다.
- 모본단(模本緞) : 비단의 하나. 본래 중국에서 난 것으로, 짜임이 곱고 윤이 나며 무늬가 아름답다.
- 예단(禮緞) : 예물로 보내는 비단.
- 주단(紬緞) : 명주와 비단을 통틀어 이르는 말.

박은옥의 노래 〈양단 몇 마름〉, 산울림의 노래 〈내 마음에 주단을 깔고〉의 양단과 주단이 바로 이것이다.

잠식蠶食

52

매우 복잡한 한자인 '잠(蠶, 누에 잠)'이 들어가는 표현 가운데 '잠식하다'가 있다.

- 잠식하다(蠶食하다) : 누에가 뽕잎을 먹듯이 점차 조금씩 침략하여 먹어 들어가다.

  예) 후진국들이 노동 집약적 산업 분야를 잠식하고 있다.

'잠식'은 '초잠식지(稍蠶食之, 점점 초, 누에 잠, 먹을 식, 이 지)'의 준말이다. '잠식하다'는 눈에 띄게 침략하거나 정복하는 모습이 아니라, 잘 모르는 사이에 조금씩 침략해 들어오는 모습을 가리킨다.

↑ 뽕잎을 갉아먹고 있는 누에.

누에가 뽕잎 갉아 먹는 소리는 귀에도 들린다. 뽕잎을 알게 모르게 조금씩 먹어 들어가지만 그 소리가 들릴 정도이니 참으로 대단하다.

누에는 알에서 부화한 후 1령, 2령, 3령, 4령, 5령을 거쳐 고치를 만드는데, 고치 하나에서 나오는 명주실 즉 비단실의 길이는 1,000~1,500m에 이른다.

한편 누에는 최대 5령을 거치는데, 소요 일수는 25일 내외다. 이때의 '령(齡)'은 본래 한자로 '나이'를 뜻하는데, 여기서는 누에가 잠자는 기간을 가리킨다. 즉 누에는 3~4일 먹고 2~3일 자는 일을 다섯 번 반복하는 셈인데, 이 과정을 거치면서 몸무게가 처음보다 만배 넘게 큰다.

이처럼 누에는 먹고 자고를 반복하면서 비단실을 만드는데, 오직 뽕잎만 먹는다. 누에들이 뽕잎 먹어치우는 모습에서 '잠식'이라는 단어가 태어났다.

누에를 키워 비단실 만드는 작업을 '양잠(養蠶, 기를 양, 누에 잠)'이라고 하는데, 과거에는 나라에서 중시하는 일이었다. 그래서 조선시대에는 '친잠례(親蠶禮)'(양잠을 장려하기 위해 왕비가 직접 누에를 치는 궁중 의식)가 필수적인 의례였다.

친잠례만이 아니었다. 조선시대에는 여러 고을에 잠실도회처(蠶室都會處, '도회잠실'이라고도 함)를 두었는데, 이곳에서 양잠과 제사(製絲) 즉 실을 만드는 일까지 담당했다.

서울 송파구의 지명인 잠실(蠶室) 역시 잠실도회처가 있던 지역이어서 오늘날에도 그렇게 부른다. 그 외에 서초구 잠원동(蠶院洞) 역시 잠실도회처가 있던 곳이다.

금수禽獸와 축생畜生

53

형편없는 사람을 짐승에 비유하는 것은 잘 알려져 있다.

"이런 짐승만도 못한 녀석"이나 "개만도 못한 놈" 같은 표현은 익숙하다.

한편 이런 표현도 있다.

"검은 머리 짐승은 구제를 말라"는 사람은 배은망덕하기 일쑤라서 구해 주면 오히려 해를 끼친다는 뜻의 속담이다. 또 "사람 가꾸기가 소 가꾸기보다 어렵다"는 사람을 도와 어떤 일을 성취하는 것은 참으로 어려움을 일컫는 속담이다. 그 외에도 "사람 변하기로 치면 순식간이다", "사람 영악한 것은 범보다 더 무섭다", "사람 죽인 놈이 아홉 번 조상(弔喪) 간다"(죄를 지은 놈이 제가 저지른 일을 감추기 위해 얄은 꾀를 쓴다는 뜻)* 같은 속담이 모두 못된 사람을 가리키는 표현이다.

아무리 그렇다고 해도 짐승을 사람보다 위에 놓을 수는 없는 노릇이다.

그래서 그런지 짐승을 뜻하는 한자 '수(獸, 짐승 수)'와 '축(畜, 짐승 축)'이 들어간 표현을 긍정적으로 사용하는 경우는 거의 없다.

---

* 이상 정종진,《한국의 속담 대사전》, 태학사, 2006.

● 금수(禽獸) :

① 날짐승과 길짐승이라는 뜻으로, 모든 짐승을 이르는 말. ≒조수 (鳥獸).

② 행실이 아주 더럽고 나쁜 사람을 비유적으로 이르는 말.

예) 남의 은혜를 저버리는 사람은 금수만도 못하다.

'금(禽, 날짐승 금)'은 '날아다니는 짐승', 즉 조류(鳥類)를 가리킨다. 1908년에 안국선이 지은 신소설《금수회의록(禽獸會議錄)》은 동물을 의인화하여 인간의 추악한 면과 사회의 부패상을 풍자한 작품으로, 우리나라 최초의 판매 금지 소설이었다. 그런데 이처럼 일제의 지배에 반발하며 민족의식을 고취한 안국선이 후에는 친일 성향을 드러낸 것을 보면, "사람 가꾸기가 소 가꾸기보다 어렵다"는 속담이 맞다는 생각도 든다.

● 축생(畜生) :

① 사람이 기르는 온갖 짐승.

② 사람답지 못한 짓을 하는 사람을 낮잡아 이르는 말. ≒축구(畜狗).

③ 삼악도의 하나. 죄업 때문에 죽은 뒤에 짐승으로 태어나 괴로움을 받는 세계이다. =축생도(畜生道).

한편 '축생(畜生)'은 불교에서 말하는 세 번째 뜻으로 자주 사용한다. 이때는 '축생도(畜生道)'와 같은 뜻인데, 이 단어의 영향으로 두 번째 뜻, 즉 "사람답지 못한 짓을 하는 사람"을 가리킬 때도 자주 쓴다.

사람을 뜻하는 '중생(衆生)'이 변해 '짐승'이 된 것을 떠올리면, 사람이 삐끗하면 짐승으로 떨어짐을 기억해야 할 것이다.

하나 더 기억할 것이 있다.

'축(畜)'이 사람이 키우는 가축을 나타낼 때 자주 사용하는 반면, '수(獸)'는 사나운 동물을 가리킬 때 자주 사용한다. 다음 단어들을 보면, 같은 짐승을 가리키는 글자지만 용법의 차이를 확인할 수 있다.

- 가축(家畜) : 집에서 기르는 짐승. 소, 말, 돼지, 닭, 개 따위를 통틀어 이른다.
- 축산(畜産) : 가축을 길러 생활에 유용한 물질을 생산하는 일.
- 도축(屠畜) : 고기를 얻기 위하여 가축을 잡아 죽임.

- 맹수(猛獸) : 주로 육식을 하는 사나운 짐승. 사자나 범 따위를 이른다.
- 야수(野獸) :
   ① 사람에게 길이 들지 않은 야생의 사나운 짐승.
   ② 몹시 거칠고 사나운 사람을 비유적으로 이르는 말.
- 인면수심(人面獸心) : 사람의 얼굴을 하고 있으나 마음은 짐승과 같다는 뜻으로, 마음이나 행동이 몹시 흉악함을 이르는 말.

한편 "가축에 생기는 여러 가지 질병을 진찰하고 치료하는 의사"는 '수의사(獸醫師)'라고 한다.

화류花柳와 홍등紅燈

54

예전, 그러니까 20세기 중반까지는 한자가 생활 언어였다. 언론에서도 한자와 한글을 혼용하는 것이 일반적이었다.

그러다 보니 대중문화에도 한자 표현이 많이 등장했는데, 영화 제목이나 노래 제목, 가사 등에 멋진 한자어가 많았다. 그 가운데 하나가 〈화류춘몽〉이라는 노래다.

● 화류춘몽(花柳春夢) : 조명암 작사, 김해송 작곡의 대중가요. 2020년에 송가인이 편곡하여 불렀다.

'화류춘몽'은 아직 《표준국어대사전》에는 등재되지 않았지만, 국립국어원에서 운영하는 '우리말샘'에는 위와 같이 적혀 있다. 만일 위 내용이 사전에 등재된다면, 가수 이름이 국어사전에 오르는 전대미문(前代未聞)의 사건이 될 것이다.

'화류춘몽(花柳春夢, 꽃 화, 버들 류, 봄 춘, 꿈 몽)'의 한자를 살펴보면 '꽃과 버들이 꾸는 봄꿈'이다. 봄꿈이니 감미롭고 아름다울 듯한데, 사전에는 이렇게 나온다.

● 춘몽(春夢) : 봄에 꾸는 꿈이라는 뜻으로, 덧없는 인생을 비유적으로 이르는 말.

감미롭고 아름다운 건 분명한데, 깨어나면 사라지니 덧없는 것이다.

그렇다면 봄꿈을 꾸는 화류는 도대체 무엇일까?

- 화류(花柳):
  ① 꽃과 버들을 아울러 이르는 말.
  ② 예전에, '유곽'을 달리 이르던 말. =화가유항(花街柳巷).
- 유곽(遊廓): 많은 창녀를 두고 매음 영업을 하는 집. 또는 그런 집이 모여 있는 곳.
- 화류계(花柳界): 기생 따위의 노는계집의 활동 분야. ≒화류장.
  예) 화류계를 전전하다.

결국 '화류'는 매춘하는 장소인 셈이다. 화류(花柳)는 '화가유항(花街柳巷, 꽃 화, 거리 가, 버들 류, 거리 항)'이 준 말이다.

그렇다면 〈화류춘몽〉은? 몸을 팔아 살아가는 여성들의 덧없는 꿈을 그린 가슴 아픈 노래인 셈이다.

꽃다운 이팔소년* 울려도 보았으며
철없는 첫사랑에 울기도 했더란다
연지와 분을 발라 다듬는 얼굴 위에
청춘이 바스러진 낙화 신세
마음마저 기생이란 이름이 원수다

점잖은 사람한테 귀염도 받았으며

---

* 16세 소년을 가리킨다.

나 젊은* 사람한테 사랑도 했더란다

밤늦은 인력거에 취하는 몸을 실어

손수건 적신 적이 몇 번인고

이름조차 기생이면 마음도 그러냐

빛나는 금강석을 탐내도 보았으며

겁나는 세력 앞에 아양도 떨었단다

호강도 시들하고 사랑도 시들해진

한 떨기 짓밟힌 낙화 신세

마음마저 썩는 것이 기생의 도리냐

애절하기 짝이 없는 가사다.

이렇게 모든 아픔을 가슴에 묻은 채 살기 위해 몸을 팔아야 했던 여성들을 가리키는 표현이 있다.

● 노류장화(路柳牆花) : 아무나 쉽게 꺾을 수 있는 길가의 버들과 담 밑의 꽃이라는 뜻으로, 창녀나 기생을 비유적으로 이르는 말.

'노류장화(路柳牆花, 길 로, 버들 류, 담 장, 꽃 화)'는 '거리에 늘어진 버드나무와 담 밖으로 피어난 꽃'이다. 그러니 길 가는 사람이라면 누구나 꺾어도 된다는 뜻에서 나온 표현이다. 오늘날 모든 곳에서 언급되는 인권(人權)이라는 단어가 아예 존재하지 않던 시대, 존재하지 않던 사람들의 이야기가 아닐 수 없다.

---

* 나 젊은 = 나이 젊은.

한편 유곽을 가리키는 표현으로 자주 쓰는 것이 있다.

● 홍등가(紅燈街) : 붉은 등이 켜져 있는 거리라는 뜻으로, 유곽이나 창

가(娼家) 따위가 늘어선 거리를 이르는 말.

붉은색은 어쨌든 화려하고 선정적인 느낌을 준다. 그래서 '홍등가

(紅燈街, 붉을 홍, 등불 등, 거리 가)'라는 말이 태어났을 것이다.

춘정春情과 추파秋波

55

"어느 계절을 좋아하십니까?"라는 질문에 여름이나 겨울이라고 답하는 사람은 많지 않다. 당연히 봄과 가을을 드는 이들이 대부분일 것이다.

그래서 그런지 봄과 가을에는 달뜨기 쉽다. 젊은이라면 더더욱 그럴 것이다.

봄은 한자로 '춘(春, 봄 춘)'이요, 가을은 '추(秋, 가을 추)'다.

달뜨기 쉬운 계절인 춘과 추가 들어가는 단어 몇 개 살펴보자.

● 춘몽(春夢) : 봄에 꾸는 꿈이라는 뜻으로, 덧없는 인생을 비유적으로 이르는 말.

'춘몽'은 '일장춘몽(一場春夢)'(한바탕의 봄꿈이라는 뜻으로, 헛된 영화나 덧없는 일을 비유적으로 이르는 말)으로 자주 쓰는데, 뜻은 비슷하다. 우리말로는 '봄꿈'이라고 한다.

● 춘사(春思) :
① 봄을 느끼는 어수선하고 뒤숭숭하게 설레는 마음.
예) 겨울이 가고 봄이 오면 늘 뒤숭숭하니 춘사가 느껴지는 것은 나이가 들어도 변함이 없다.

② '색욕'을 달리 이르는 말.

'춘사(春思, 봄 춘, 생각 사)'는 한자 뜻을 살펴보면 '봄을 생각함'이다. 봄은 생각만 해도 설레고, 자칫하면 색욕까지 불러일으키는 위험한 존재임을 알 수 있다. 그래서 이런 단어도 있다.

● 춘화(春畫) : 남녀 간의 성교하는 모습을 그린 그림. =춘화도(春畫圖).

오늘날 '춘화' 또는 '춘화도'라는 단어를 쓰는 사람은 거의 없다. 그렇다고 춘화가 사라진 건전한 사회가 되었을 리가 있겠는가. 춘화도를 대신해 '포르노(pornography)'(인간의 성적 행위를 묘사한 소설, 영화, 사진, 그림 따위를 통틀어 이르는 말)라는 말이 더욱 성행하고 있다.
　춘사, 춘화 외에 봄을 맞아 설레는 젊은 남녀의 마음을 제대로 표현한 단어가 있다.

● 춘정(春情) :
　① 남녀 간의 정욕. ≒춘심(春心), 춘의(春意).
　　예) 춘정에 눈뜨다. / 춘정이 발동하다.
　② 봄의 정취.

'춘정'에는 두 가지 뜻이 있는데, 대부분은 첫 번째 뜻으로 쓴다. 그러니 춘정 역시 함부로 사용할 단어는 아닌 듯하다.
　그렇다면 봄을 맞아 일어나는 건전한 설렘을 나타내고자 할 때는 어떤 표현을 써야 할까?

- 춘흥(春興) : 봄철에 절로 일어나는 흥과 운치.

  예) 쪽빛 같은 푸른 물결 위로 화방(畫舫, 용이나 봉황 따위의 모양으로 꾸미고 그림을 그려 곱게 단청을 한 놀잇배)을 띄워 노는 재자가인을 생각한다면 그 얼마나 진진한 춘흥을 자아낼 것이냐? (이기영,《신개지》)

그렇다면 가을은 어떨까?

가을은 '달뜨다'나 '설레다' 같은 단어와는 거리가 있다. 그렇다고 늘 쓸쓸한 느낌만 주는 것은 아니다.

- 추파(秋波) :

  ① 가을의 잔잔하고 아름다운 물결.

  ② 상대방의 관심을 끌기 위하여 은근히 보내는 눈길.

    예) 추파를 던지다.

  ③ 환심을 사려고 아첨하는 태도나 기색.

    예) 신임 사장에게 추파를 던지다.

  ④ 미인의 맑고 아름다운 눈길.

'추파(秋波)'는 '가을에 이는 파도'이니, 가을에도 마음이 달뜰 수 있음을 알 수 있다. 한편 추파에는 여러 뜻이 있지만 대부분 두 번째 뜻으로 쓰는데, 다음 단어를 보아도 알 수 있다.

- 추파질 : 추파를 보내는 짓.

'추(秋)'가 들어가는 단어 가운데 잊지 말아야 할 것이 있다.

● 추호(秋毫):

① 가을철에 털갈이하여 새로 돋아난 짐승의 가는 털.

② 매우 적거나 조금인 것을 비유적으로 이르는 말.

예) 당신을 모욕할 생각은 추호도 없었습니다.

'추호(秋毫, 가을 추, 가는 털 호)'는 '가을철에 새로 돋아난 짐승의 가는 털'이다. 그래서 매우 적거나 작은 것을 가리킨다.

한편 봄과 가을을 합해 만든 '춘추(春秋)'라는 단어가 있는데, 이 단어는 기억해 두어야 한다.

● 춘추(春秋)¹:

① 봄과 가을을 아울러 이르는 말. =봄가을.

② '해'를 문어적으로 이르는 말.

③ 어른의 나이를 높여 이르는 말.

● 춘추(春秋)²:

① 유학 오경(五經)의 하나. 공자가 노나라 은공(隱公)에서 애공(哀公)에 이르는 242년(B.C. 722~B.C. 481) 동안의 사적을 편년체로 기록한 책이다.

② 인류 사회의 변천과 흥망의 과정. 또는 그 기록. =역사.

춘추는 1번 뜻에서 보듯이 '어른의 나이'를 높여 부르는 단어다. 그 외에 '연세(年歲)'(나이의 높임말)도 같은 뜻이다.

한편 공자는 자신이 태어난 노(魯)나라 역사를 연대별(편년체)로 기록했는데, 이 책 제목이 《춘추》다. 《춘추》는 유학을 정치 이념으로 삼은 나라의 중심 경전이 되었는데, 조선 역시 마찬가지였다. 이 책은 단순히 유학자뿐 아니라 역사를 공부하고 중시하는 많은 사람에게 길잡이가 되는 책이기도 하다.

한편 공자가 활동하던 시기, 즉 고대 중국에서 주(周)나라가 사양길에 접어들고, 그 제후국들이 자웅을 겨루던 시대를 가리켜 '춘추시대'(B.C. 770~B.C. 403)라고 부르는데, 이 명칭 역시 《춘추》에서 비롯했다.

육두문자

'육두문자(肉頭文字)'는 "육담 따위의 저속한 말"이다. 그렇다면 '육담'은?

- 육담(肉談) : 저속하고 품격이 낮은 말이나 이야기.
  예) 그는 술에 취해 노골적인 육담을 늘어놓기 시작했다.

결국 육두문자가 곧 육담인 셈인데, '육담(肉談, 고기 육, 말씀 담)'을 한자 그대로 풀어 보면 '육체에 관한 이야기'다.

육두문자를 사전에서는 "육담 따위의 저속한 말"이라고 점잖게 표현했지만, 한마디로 욕이다. '욕(辱, 욕보일 욕)'은 "남의 인격을 무시하는 모욕적인 말 또는 남을 저주하는 말"인데, 이 역시 우리가 사용하는 욕을 점잖게 표현한 것이다. 생활에서 사용하는 욕을 들어 보면 알 수 있다. 욕의 종류는 헤아리기 힘들 만큼 많다.

그런데 왜 욕을 가리켜 육두문자라고 할까? 인터넷에서 찾아보면 이런저런 설이 제기되지만 어느 것도 정설이라고 하기는 어렵다.

한편 '육(肉, 고기 육, 몸 육)', 즉 '짐승의 고기나 사람의 육체'를 뜻하는 이 글자는 '신(身, 몸 신)'에 비해 더 물질적인 몸을 가리킬 때 쓴다.

그러다 보니 '육(肉)'이 들어가는 표현은 보다 구체적이다. 신체(身

體)와 육체(肉體)를 비교해 보면 쉽게 알 수 있다. 그 외에 '육박전(肉薄戰)'(적과 직접 맞붙어서 총검으로 치고받는 싸움), '정육점(精肉店)'(쇠고기, 돼지고기 따위를 파는 가게), '육필(肉筆)'(손으로 직접 쓴 글씨) 같은 단어에서도 그런 뉘앙스를 느낄 수 있다.

한편 '육감적(肉感的)'이라는 말은 "성적인 느낌을 주는"이라는 뜻인데, 성(性)을 막론하고 "당신은 참 육감적이야."라는 말을 듣고 기분 좋을 사람은 별로 없을 것이다.

'육덕(肉德)'이라는 명사는 "몸에 살이 많아 덕스러운 모양"을 가리킨다. 그렇다고 해서 덕스러운 상사나 부하 또는 동료에게 "참 육덕이 좋으세요."라는 말은 쓰지 말기 바란다. 윗사람에게 쓰면 그날 다른 직장을 알아보아야 할 것이고, 아랫사람에게 쓰면 경찰서에 출입할지도 모른다. 동료에게 쓰면? 온갖 경조사를 챙겨 줄 사람이 한 명 줄어들 것이다.

욕(辱) 가운데 좋은 욕은 없다. 그런데 어느 나라 언어건 욕이 없는 말 또한 없다. 왜 그럴까? 가슴에 한이 맺히거나 분을 참을 수 없을 때, 한두 마디 욕이라도 하고 나면 속이 뚫리기 때문이다.

그래서 어느 유명 정치인은 "하다못해 담벼락을 쳐다보고 욕을 할 수도 있다."고 말한 바 있다. 그런데 이 말을 보면, 욕이라는 것이 반드시 사전에 나와 있듯이 "남의 인격을 무시하는 모욕적인 말"만은 아닌 듯싶다. 그저 내 울분을 토하기 위해 혼잣말처럼 할 수도 있으니 말이다.

이러한 사실을 확인해 주는 표현이 있다.

● 젠장 : 뜻에 맞지 않고 불만스러울 때 혼자 욕으로 하는 말.

그러니까 '젠장'은 혼자서 하는 욕인데, '젠장'이라는 감탄사 외에 다른 형태로도 자주 쓴다.

- 젠장맞을 : 제기 난장(亂杖)을 맞을 것이라는 뜻으로, 뜻에 맞지 아니 하여 불평스러울 때 혼자서 욕으로 하는 말.
    예) 이런 젠장맞을, 이것도 안 되고 저것도 안 된다면 그러면 어떻게 들 하잔 말이오. (현진건, 《무영탑》)

'젠장칠'도 '젠장맞을'과 같은 뜻이다. '제기' 역시 "언짢을 때 불평스러워 욕으로 하는 말"인데, 같은 표현인 '제기랄'은 유명하다.

그런데 담벼락 보고 혼자 욕할 일이 많은 건 어제오늘 일이 아닌 듯하다. 이런 표현이 많으니 말이다.

- 우라질 : 일이 뜻대로 안 되거나 마음에 안 들 때 혼자서 욕으로 하 는 말.
- 빌어먹을 : 일이 뜻대로 되지 아니하여 속이 상하거나 분개할 때 욕 으로 하는 말.

그렇다면 '난장'은 무슨 뜻일까?

- 난장(亂杖) :
    ① 고려·조선 시대에, 신체의 부위를 가리지 아니하고 마구 매로 치 던 고문. 영조 46년(1770)에 없앴다. ≒난장형.
    ② 여러 사람이 한꺼번에 덤비어 때리는 매. =몰매.
    예) 나는 난장을 맞을 때에 내복 위로 맞으니 덜 아프다 하고 내복

을 벗어 버리고 맞았다.(김구,《백범일지》)

　한자를 보아도 '난장(亂杖, 어지러울 난, 지팡이 장)'은 '나무몽둥이로 몸 이곳저곳을 함부로 때리는 것'이다. '난장맞을', '난장칠'이라는 욕도 있는데, 뜻은 "난장을 맞을 만하다는 뜻으로, 몹시 못마땅할 때 욕으로 하는 말"이다.

피차일반입니다!

57

서로 반대되는 한자가 모여 하나의 단어를 이루는 경우는 정말 많다. '피차'라는 단어도 그 가운데 하나다.

● 피차(彼此) :

①저것과 이것을 아울러 이르는 말.

②이쪽과 저쪽의 양쪽.

예) 피차의 이해가 갈리다. / 피차의 처지를 생각해서 우리 말조심합시다.

'피차(彼此, 저 피, 이 차)'는 '저것과 이것, 저 사람과 이 사람, 당신과 나, 저쪽과 이쪽' 등을 가리키는 유명한 표현이다. 게다가 실생활에서도 자주 쓰기 때문에 꼭 알아 두어야 한다.

두 글자가 들어가는 주요 단어를 살펴보자.

● 차일피일(此日彼日) : 이날 저 날 하고 자꾸 기한을 미루는 모양.

예) 일을 차일피일 미루다. / 그는 빚을 갚겠다고 얘기만 하고 차일피일 끌기만 한다.

'차일피일'을 해석하면 '이날 저 날'이며, '피일차일'이라는 표현은 없다.

- 피차일반(彼此一般) : 두 편이 서로 같음.

  예) 괘씸하기는 피차일반이다. / 돈도 없고 집도 없어 떠돌이 생활하
  는 것은 자네나 나나 피차일반이 아닌가?

이 표현 역시 자주 사용하는데, 이번에는 '피(彼)'가 먼저 나왔다.

- 어차피(於此彼) : 이렇게 하든지 저렇게 하든지. 또는 이렇게 되든지
  저렇게 되든지. ≒어차어피, 어차어피에.

  예) 어차피 죽을 바엔 밥이라도 배불리 먹고 싶다. / 기차 시간은 어차
  피 늦었으니 다른 교통수단을 알아봐야겠다.

부사 '어차피'를 고유어로 아는 사람이 꽤 있는데, 한자어라는 사
실을 기억할 일이다.

- 여차여차하다(如此如此하다) : 이러하고 이러하다. =이러이러하다.

  예) 여차여차한 일이 생겨 못 간다고 말씀을 드려라.

젊은 사람들은 자주 사용하지 않는 표현이지만, 나이가 좀 있는
사람들은 이 표현을 자주 쓴다. 특히 실생활에서는 '여차여차하다'
보다 '여차저차하다'를 자주 쓰는데, 뜻은 비슷하다.

- 여차저차(如此저此) : 이러하고 저러하게.

문해력 향상을 위해서 반드시 알아 두어야 할 단어가 또 있다.

- 피안(彼岸) :
  ① 「불교」 사바세계 저쪽에 있는 깨달음의 세계.
  ② 「불교」 이승의 번뇌를 해탈하여 열반의 세계에 이름. 또는 그런
  경지.
  ③ 「철학」 현실적으로 존재하지 아니하는 관념적으로 생각해 낸 현
  실 밖의 세계.
- 차안(此岸) : 나고 죽고 하는 고통이 있는 이 세상. ≒차토.

'차안'이라는 표현은 많이 쓰지 않지만, '피안'은 자주 사용한다.
불교에서 비롯했지만 철학뿐 아니라 문학작품에도 빈번히 쓰이는
표현이라 알아 두면 좋다. 쉽게 말하면 우리가 사는 이곳은 차안이
고, 죽어서 갈 저세상이 피안이다.

- 저세상(저世上) : 죽은 다음에 간다는 저쪽의 세상이라는 뜻으로, '저
  승'을 달리 이르는 말.
- 저승 : 사람이 죽은 뒤에 그 혼이 가서 산다고 하는 세상.
- 이승 : 지금 살고 있는 세상.

피안이나 차안을 모르는 분들도 저승과 이승은 알 것이다. 죽은
다음에 가는 세상이 저승이고, 지금 살고 있는 세상이 이승이니까.
그런데 '저세상'이라는 단어는 있지만 '이세상'이라는 단어는 없
다. 있다면 '이 세상'이 있을 뿐이다. 즉, '저승=저세상'이지만, 이
승에 맞는 또 다른 단어는 없다.

그렇다면 고유어 저승과 이승은 어디서 유래했을까?

- 이생(이生) : '이승'을 달리 이르는 말.
  예) 이생을 떠나다. / 이생에서 이루지 못한 사랑에 한이 맺힌 넋이여.

그렇다! '이+생(生)'이 변해서 이승이 된 것이다. 그렇다면 저승 역시 '저+생(生)'이 변해서 되었을 것이다.

다음 표현 역시 문해력 향상을 위해 꼭 알아 두면 좋다.

- 차제(此際) : 때마침 주어진 기회.
  예) 차제에 그동안 못 했던 말을 다 털어놓겠습니다.

'차제'는 '이번 기회에'라는 의미로 자주 쓰는데, 엄밀히 보자면 약간 다르다. 이런 미묘한 의미 차이를 이용하기 위해서라도 가능한 한 다양한 표현을 기억하는 것이 좋다.

공기公器냐, 춘와추선春蛙秋蟬이냐

사람이 살아가는 데 반드시 필요한 것이 여럿 있지만, 그 가운데서도 핵심은 '공기(空氣)'일 것이다. 일단 숨을 쉬어야 물도 마시고 음식도 먹을 테니 말이다. 공기는 "지구를 둘러싼 대기의 하층부를 구성하는 무색무취의 투명한 기체"인데, 숨 쉬는 데 필수적인 산소를 포함한다.

그런데 아리스토텔레스가 한 말 "인간은 사회적 동물이다."를 떠올리지 않더라도, 사람은 '함께'가 아니면 살아갈 수 없다. 아마 인간이 홀로 살았다면 수십만 년 전에 사자나 호랑이, 추위와 더위로 인해 멸종했을 것이다. 그래서 사람을 한자어로 '인(人)'이라 하지 않고 '인간(人間, 사람 인, 사이 간)'이라고 하나 보다. 사람은 사람과 사람 사이에서 살아갈 때 참된 존재가 된다는 말일 테니.

이렇게 사회를 이루고 살아가는 존재가 사람이기에 생존에 필요한 공기와 물, 식량 외에도 생활을 위해서는 반드시 필요한 것이 또 있다.

● 공기(公器) :
① 사회 구성원 전체가 이용하는 도구.
② 공공성을 띤 기관이나 관직을, 사회 개개인에게 영향을 미칠 수 있다는 측면에서 이르는 말. 신문이나 방송 같은 언론기관 등이 이에

속한다.

'공기(公器)'는 '공공을 위한 그릇'이다. 사적인 것이 아니라 공공을 위한 것을 담는 그릇. 사회적 도구나 기계를 그릇에 비유하는 단어로는 '이기(利器)'도 있다. '실용에 필요한 기계나 기구', 부정적으로는 '마음대로 휘두를 수 있는 권력'을 뜻한다.

한편 공공을 위한 그릇이 여러 가지 있겠지만, 일반적으로는 언론기관을 공기라고 부른다. 그만큼 사회를 건강하게 이끌기 위해서는 언론의 역할이 중요하다는 말일 것이다. 그래서 제대로 된 언론을 가리켜 '정론 직필'이라고 부르곤 한다.

'정론 직필'은 '정론(正論, 정당하고 이치에 합당한 의견이나 주장)+직필(直筆, 무엇에도 영향을 받지 아니하고 사실을 그대로 적음. 또는 그렇게 적은 글)'이다.

그런데 오늘날 언론이 공기(公器) 역할을 하거나, 정론 직필이라고 여기는 시민은 흔치 않은 듯하다. '가짜 뉴스'니 '기레기'니 하는 험한 단어들이 일상적으로 쓰이는 걸 보면, 시민들이 언론을 어떻게 여기는지 알 수 있다.

이런 잘못된 언론은 예전에도 많았던 듯하다. 물론 과거에는 오늘날 신문이나 방송 같은 언론기관이 없었으니 대상은 다르겠지만 말이다.

● 춘와추선(春蛙秋蟬) : 봄 개구리와 가을 매미라는 뜻으로, 쓸모없는 언론을 비유적으로 이르는 말.

개구리와 매미의 공통점은 시끄럽게 운다(웃는 것일지도 모르고 수다를 떠는 것일지도 모르지만, 여하튼 우리는 '운다'고 표현한다)는 사실이다.
그런데 개구리와 매미 울음소리가 세상에 도움이 되는 것이 있는지
모르겠다. 자기들끼리는 중요할지 모르지만 말이다. 그래서 '춘와추
선'은 사회에는 어떤 도움도 안 되면서 시끄럽게 외치는 언론을 가
리킨다.

이와 흡사한 뜻으로 '와명선조'가 있다.

● 와명선조(蛙鳴蟬噪) :
① 개구리와 매미가 시끄럽게 운다는 뜻으로, 속물들이 시끄럽게 말
재주를 부리며 농함을 이르는 말. ≒선조와명(蟬噪蛙鳴).
② 글이나 논설 따위가 졸렬하고 보잘것없음을 비유적으로 이르는 말.

쓸모없는 언론을 포함해 쓸데없이 떠들어 대는 인간들을 가리
키는 말인데, 오늘날처럼 모두가 잘났다고 외치는 시대에는 '춘와
추선'보다 더 어울리는 말인 듯하다. 그들은 시와 때를 가리지 않
으니까.

춘와추선과는 전혀 다른 뜻이지만, 봄과 가을의 동물을 이용한 표
현은 또 있다.

● 춘인추사(春蚓秋蛇) : 봄철 지렁이와 가을철 뱀이라는 뜻으로, 글줄이
비뚤어지고 글씨가 가늘어 힘이 없음을 비유적으로 이르는 말.

앞에서 살펴본 춘와추선은 누구나 고개를 끄덕일 만한 표현이
다. 그런데 이 표현은 아무래도 고개를 끄덕이지 않을 분이 많을 것
이다.

우선 지렁이와 뱀은 모두 겨울이 오면 동면(冬眠)을 한다. 그런 후 봄이 되면 활동을 시작하는데, 막 활동을 시작한 봄 지렁이가 왜 힘이 없는지 모르겠다. 뱀은 더하다. 겨울잠을 자기 위해 영양분을 비축해야 하는 뱀은 가을철에 가장 무서운 존재가 된다. 독도 강해서 가을철 성묫길에 나섰다가 뱀에 물려 사고를 당했다는 소식을 종종 들을 수 있다. 그런데 가을철 뱀이 비뚤어진 글과 가는 글씨를 가리킨다니, 어안이 벙벙하다. 그러나 사전 뜻이 그러하다니 받아들일 수밖에.

식판과 반상

59

이른바 '식판(食板)'이라고 불리는 식사용 용기는 현대 생활의 산물이다. 과거에는 아무리 많은 사람이 모인다고 해도 수백 명이 줄을 서서 밥을 먹을 일이 없었기 때문에, 이런 그릇에 밥을 담아 먹는 것은 상상도 못 했을 것이다.

그러나 오늘날 현대인들은 '밥 먹기 위해 일한다'기보다는, '일하기 위해 밥 먹기' 때문에 식사 역시 일종의 업무일 뿐이다. 그래서 식기 역시 저렇게 일률화되었을 것이다.

아래 식판을 보면 밥 담는 곳 하나, 국 담는 곳 하나, 그리고 반찬 담는 곳이 셋이다. 이른바 집단 급식의 출발이라고 할 수 있는 군대에서는 오래전부터 '1식 3찬'이라는 말이 일반적이었다. '한 끼 식사

↑ 군대 또는 단체 식사 때 주로 사용하는 식판. 보통 스테인리스스틸로 만든다.

에 반찬이 세 가지'라는 말이다. 이때 '3찬'에 포함하지 않는 것이 국이었다. 그러니까 한 끼 식사는 밥, 국, 그리고 세 가지 반찬이었던 셈이다. 요즘은 부대마다 식사가 다르고 때마다 달라서 일률적으로 규정할 수는 없으나, 부실한 식사를 제공하기는 쉽지 않을 듯하다. 워낙 개인 매체가 발달해서 그런 식사 사진은 실시간으로 퍼져 나갈 수 있으니 말이다.

그렇다면 '1식 3찬'이란 말은 어디에서 유래했을까?

● 반상(飯床) : 격식을 갖추어 밥상 하나를 차리도록 만든 한 벌의 그릇. 사기나 놋쇠 따위로 만들며, 주발·대접·쟁반·탕기·조칫보·보시기·종지 따위를 기본으로 하고 쟁첩의 수에 따라 3첩·5첩·7첩·9첩 등으로 구별하고, 대접과 쟁반 외에는 모두 뚜껑이 있다. =반상기.

우리 겨레는 오래전부터 식사 형태를 '반상(飯床, 밥 반, 상 상)'으로 구분했다. 물론 한 끼 식사 먹기도 힘든 노비나 천민의 경우에는 이런 격식을 차리지 못했겠지만 말이다.

밥상 하나를 차리는 데 기본이 3첩으로, 이를 가리켜 '3첩반상'이라고 불렀다.

● 삼첩반상(三첩飯床) : 밥, 국, 김치, 간장 이외의 반찬을 담은 접시가 셋인 밥상. 또는 그런 그릇 한 벌.

이것이 '1식 3찬'의 형식을 결정하지 않았을까 싶다. 이때 중요한 것은 3첩반상의 경우 밥과 국(찌개), 김치는 따로 마련한다는 것이다. 따라서 3첩반상을 살펴보면 상 위에 밥, 국, 김치, 그리고 세 가지 반찬이 올랐던 셈이다. 5첩반상은 다섯 가지 반찬, 7첩반상은 일곱 가지 반찬이 올랐다. 눈치 빠른 분은 아셨겠지만, 반찬 가짓수는 홀수가 원칙이다.

한편 양반, 그 가운데서도 내로라하는 가문에서는 9첩반상을 차렸다. 사실 9첩반상은 오늘날도 차리기 힘들다. 밥, 국, 김치 외에 아홉 가지 반찬이라니! 웬만한 집 식탁에는 이 많은 반찬을 놓기도 힘들 것이다.

그래서 조선시대에도 9첩반상을 차려 먹는 집안은 흔치 않았다. 대부분은 3첩반상, 5첩반상 정도였고, 7첩반상도 양반 가문이나 돈 많은 집안에서나 가능했을 것이다.

한편 앞서 '반상' 설명에도 나와 있듯이, 반상에 오르는 음식 종류에 따라 다양한 용기를 사용했다.

밥은 주발에, 국은 대접에 담았으며, 김치나 깍두기 같은 반찬은 보시기에 담았다. 찌개 등은 탕기나 뚝배기에 담았고, 조치(바특하게 만든 찌개나 찜)는 조칫보에 담았다. 또 간장이나 고추장처럼 적은 양만 필요한 양념류는 종지에 담았다.

- 주발(周鉢) : 놋쇠로 만든 밥그릇. 위가 약간 벌어지고 뚜껑이 있다. ≒밥주발.
- 대접 : 위가 넓적하고 운두가 낮으며 뚜껑이 없는 그릇. 국이나 물 따위를 담는 데 쓴다.
- 보시기 : 김치나 깍두기 따위를 담는 반찬 그릇의 하나. 모양은 사발 같으나 높이가 낮고 크기가 작다. ≒보아, 소완.
- 탕기(湯器) : 국이나 찌개 따위를 떠 놓는 자그마한 그릇. 모양이 주발과 비슷하다.

● 조칫보 : 김칫보보다 조금 크고 운두가 낮은 그릇. 조치를 담는 데 쓴다. ≒조치.

● 종지 : 간장·고추장 따위를 담아서 상에 놓는, 종발보다 작은 그릇. ≒소완.

그렇다면 왕은 어떻게 식사를 했을까?

다 알다시피 봉건제 국가에서 왕은 일반인과 전혀 다른 존재였다. 그래서 왕과 관련된 단어도 오직 왕에게만 쓰는 특별한 것을 쓰는 경우가 대부분이었다.

식사 역시 예외가 아니었다.

많은 사람이 알다시피 고려를 침략한 몽골의 영향을 받아 들어온 단어 '수라'가 그때부터 임금께 올리는 상을 뜻하게 되었다.

● 수라(水刺▽) : 궁중에서, 임금에게 올리는 밥을 높여 이르던 말.

수라상은 일반인과 달리 홀수가 아니라 짝수인 12첩반상이었다. 그리고 수라상은 세 개의 상으로 구성되었다.

세 개나 되는 상 위 음식을 어떻게 찾아 먹을지 걱정할 필요는 없다. 수라상궁이 시중을 들기 위해 곁에 앉아 있으니까. 그 외에도 세 명의 궁녀가 두 손을 땅에 대고 꿇어 엎드린 채 대기하고 있었다.

반찬 종류는 설명해도 이해하기 어렵고 먹어 볼 수도 없다. 그러니 생략한다. 다만 반드시 알아야 할 것은 아무리 부자에 세도를 부리는 가문이라고 해도 9첩반상까지밖에는 차릴 수 없었다는 것이다. 만일 누군가가 12첩반상을 차려 먹었다면? 삼족을 멸해도 할 말이 없다.

오장육부

60

'밥통'은 '밥+통(桶, 통 통)'으로 된 단어다. 우리말과 한자를 모아 만든 무척이나 많은 단어 가운데 하나다. 그러니 밥통은 고유어도 아니고 한자어도 아니다.

그렇다면 밥통에는 어떤 뜻이 있을까?

● 밥통(밥桶) :

① 밥을 담는 통.

예) 걸인이 밥통을 옆구리에 낀 채 집 안을 기웃거렸다.

② '위'를 속되게 이르는 말.

예) 밥통이 비어서 기운을 못 쓰겠다.

③ 밥만 축내고 제구실도 못하는 사람을 낮잡아 이르는 말.

예) 그 일도 제대로 못 하다니 밥통이구나.

첫 번째 뜻은 단순하다. 밥을 담는 통이니 밥통이다. 세 번째는 낮잡아 이르는 표현으로, '바보'와 비슷하게 쓴다.

중요한 것은 두 번째로 한자어 '위(胃)'를 가리키는데, 내장 가운데 하나다.

그렇다면 다른 내장은 어떨까?

● 내장(內臟) : 척추동물의 가슴안이나 배안 속에 있는 여러 가지 기관을 통틀어 이르는 말. 위, 창자, 간, 콩팥, 이자 따위가 있다.

사전의 뜻풀이에서 예로 든 단어들이 묘하다. 위, 창자, 간은 분명 한자어인데, 콩팥은 고유어다. 이자는? 잘 모르겠다. 결국 내장 명칭은 편리한 대로 쓰는 셈이다. 그래도 알고 써야 하지 않을까?
내장 명칭으로 흔히 말하는 오장육부(五臟六腑) 가운데 오장부터 살펴보자.

● 오장(五臟) : 간장, 심장, 비장, 폐장, 신장의 다섯 가지 내장을 통틀어 이르는 말.

이때 간장(肝臟)은 '간(肝)'이다. 간은 고유어 표현이 없다. 간은 그 냥 간이다.
우리 옛말에 '애'가 있긴 한데, 이는 '창자, 간, 쓸개'를 두루 이르는 말이다. 이 표현이 속마음을 나타내는 뜻으로 확장하여 오늘날 '애'는 "초조한 마음속" 또는 "몹시 수고로움"을 뜻한다. '애를 태우 다', '애간장을 태우다', '애쓰다' 같은 표현은 이로부터 유래했다.
심장(心臟)은 고유어로 '염통'이다. 그런데 심장을 염통이라고 부르는 의사나 환자, 나아가 일반인을 찾기는 쉽지 않다. 다만 염통이라는 표현을 자주 쓰는 경우가 있는데, 소 염통이니 닭 염통이니 돼지 염통이니 할 때이다. 염통이라고 부를 때는 식용으로 즐기는 동물의 심장을 가리키는 셈이다.
그렇다고 늘 그런 것은 아니다. "염통이 곪는 줄은 몰라도 손톱 곪는 줄은 안다"라는 속담을 보면, 사람 심장에도 염통을 쓴다. "염통에

털이 나다", "염통이 비뚤어 앉다"라는 기찬 관용구도 있다. 모두 뻔뻔하거나 마음이 비뚤어진 사람을 가리킨다.

비장(脾臟)은 고유어로 '지라'다.

- 지라 : 척추동물의 림프 계통 기관. 위(胃)의 왼쪽이나 뒤쪽에 있으며, 오래된 적혈구나 혈소판을 파괴하거나 림프구를 만들어 내는 작용을 한다.

폐장(肺臟)은 '폐(肺)' 또는 고유어로 '허파'다. 폐는 건강검진 때 기본으로 찍는 엑스레이(X-ray) 때문에 모르는 사람이 없다. 그리고 폐역시 허파라고 부르는 사람은 거의 없다. 그러나 동물의 폐는 허파라고 하며 맛있게 먹는다.

신장(腎臟)은 고유어로 '콩팥'이다. 다른 내장과 달리 고유어 콩팥이라는 표현은 병원에서 자주 쓰는 게 특징이다. 물론 신장이 안 좋은 분들이 받는 투석*을 가리켜 '콩팥 투석'이라고 하지는 않지만.

이렇게 오장에 대해 살펴보았는데, 그렇다면 위, 즉 밥통은 어디로 갔을까?

- 육부(六腑) : 배 속에 있는 여섯 가지 기관. 위, 큰창자, 작은창자, 쓸개, 방광, 삼초를 이른다. 음식물을 받아들여 소화하고 영양분을 흡수하며 찌꺼기를 내려보내는 역할을 한다.

---

* 반투막을 사이에 두고 콜로이드 용액을 물 등의 용매로 접촉시켜, 콜로이드 용액 중에 함유되어 있는 저분자 물질을 제거하는 조작. 콜로이드 용액을 정제하거나 인공 신장에서 혈액을 정화하는 데 쓰인다.

우리는 약 광고에서 '위장'이라는 말을 자주 듣는데, 위를 가리키는 위장은 간장, 신장 등과 같은 '-장'씨 집안이지만, 오장이 아니라 육부에 속한다. 큰창자와 작은창자, 즉 대장(大腸)과 소장(小腸) 역시 육부에 속한다. 이때 주의할 점은 오장의 '장(臟, 내장 장)'과 위장, 대장, 소장의 '장(腸, 창자 장)'은 한자가 다르다는 사실이다.

또 한자어로 '담낭(膽囊)'이라고 하는 쓸개도 육부에 속한다. 방광(膀胱) 역시 육부에 속하는데, 고유어로는 '오줌통'이라고 한다.

마지막으로 '삼초(三焦)'가 있다. 삼초는 서양의학에는 없고 한의학에만 있는 기관 아닌 기관이다. 왜 기관인 듯 기관이 아닐까? 삼초는 해부해 봐도 찾을 수 없고, 기능만 있기 때문이다. 삼초는 상초, 중초, 하초로 나뉘는데, 백과사전*에 따르면 "상초는 심장·폐를 중심으로 한 흉부가 되고, 중초는 비장·위장·간장 등을 중심으로 하는 복부가 되고, 하초는 신·방광 등을 포함하는 하복부에 해당된다."고 한다. 그러니 한의사가 아니면 모르는 편이 낫겠다. 그들이 하는 기능은 더욱 어려우니 아예 설명하지 않겠다.

다시 앞으로 돌아가자.

내장에 등장하는 기관을 다 살펴보았는데, 미처 살펴보지 않은 게 있다. 이자다.

● 이자(胰子) : 배안의 뒤쪽에 가로로 길쭉하게 자리한 기관. 소화 효소를 포함한 이자액은 샘창자로 보내고 인슐린 따위의 호르몬을 분비한다. 오른쪽은 샘창자의 고리에 꽉 붙어 있고 왼쪽은 지라까지 뻗어 있다.

---

* 두산백과사전.

사전에서 보듯 '이자(胰子)'는 한자어다. 그렇다면 고유어가 있어야 할 텐데, 없다. 한편 암 가운데 가장 무서운 것이 췌장암인데, '췌장(膵臟)'이 바로 이자다. 그래서 췌장은 한자어, 이자는 고유어로 알기 쉬운데, 사실은 모두 한자어다.

행랑과 회랑

61

● 행랑(行廊) :

① 대문간에 붙어 있는 방. ≒낭저, 월랑, 행랑방.

② 예전에, 대문 안에 죽 벌여서 지어 주로 하인이 거처하던 방. ≒낭하, 월랑.

③ 조선시대에, 서울의 큰 거리 양쪽에 줄지어 세운 상점. 특히 종로(鍾路)의 육주비전이 유명하였다.

'행랑(行廊, 갈 행, 복도 랑)'의 뜻이다. 하지만 오늘날 대문 있는 집에 사는 사람이 많지 않으니, 행랑을 첫 번째 뜻으로 쓸 일은 거의 없다. 또 하인 두고 사는 사람 역시 거의 없으니 두 번째 뜻으로도 쓸 일은 없다. 마지막으로 지금은 조선시대가 아니니 세 번째 뜻으로도 쓸 일은 없다. 결국 '행랑'이라는 단어는 문학작품이나 책에서 쓰일 뿐이다.

그런데도 이 단어가 어쩐지 익숙한 까닭이 있다. 바로 이 단어 때문이다.

● 줄행랑(줄行廊) :

① 대문의 좌우로 죽 벌여 있는 종의 방. ≒연방, 장랑.

예) 조 승지의 집은 퇴락하기는 했어도 솟을대문에 줄행랑에 아직

도 재상가의 체모를 차리고 있었다. (심훈, 《영원의 미소》)

②'도망'을 속되게 이르는 말. ≒줄걸음.

생활 속에서 자주 쓰는 '줄행랑 놓다', '줄행랑치다'는 여기서 나온 표현이다.

어쩌다 대문 좌우로 죽 벌여 있는 종의 방이 갑자기 '도망'이라는 뜻을 갖게 되었을까?

일단 줄행랑이 있는 집은 대단한 가문이다. 당연하다. 종의 방이 하나도 아니고 연이어 있을 정도니까. 그래서 속설에 따르면, 줄행랑을 가진 집안이 갑자기 몰락했을 때 줄행랑을 버리고 도망치는 모습에서 유래한 표현이라는데, 믿거나 말거나다.

그보다 더 믿을 만한 내용도 있다.

행랑을 죽 이어서 쌓는 것을 가리켜 '줄행랑을 치다'라고 표현하는데, "행랑을 길게 치는 것이 마치 꽁무니를 뺀 채 줄달음질을 치는

↑ 대문 좌우로 행랑채가 길게 잇대어 있는, 부여 여흥민씨 고택 전경.

것과 같아 보여" 이런 표현이 생겨났다는 내용이다.*

또 하나 기억할 것은, '줄행랑 놓다'는 관용적 표현인 데 비해, '줄행랑치다'는 '피하여 달아나다'라는 뜻의 동사다. 그래서 하나는 띄어 쓰고, 다른 하나는 붙여 쓴다.

한편 행랑과 비슷한 단어 가운데 '회랑(回廊)'이 있다.

- 회랑(回廊) :
  ① 정당(正堂)의 좌우에 있는 긴 집채.
  ② 양옥의 어떤 방을 중심으로 하여 둘러댄 마루.

↑ 고구려 승려 담징이 그린 벽화를 소장하고 있어 우리에게도 익숙한 일본 호류지(法隆寺)의 회랑.

---

* 조항범,《우리말 어원 사전》, 태학사, 2022, 431쪽.

행랑과 마찬가지로, 오늘날 회랑을 가진 집에서 사는 사람은 거의 없다. 따라서 건물 일부를 나타낼 때 이 표현을 쓰는 경우 역시 거의 없다. 물론 유명한 전통 건축물을 관람하다 보면 회랑을 만날 수 있다.

한편 현대 세계를 이해하기 위해 꼭 알아 두어야 할 표현이 있다.

오늘날 회랑은 단순한 건축물을 나타내는 표현을 넘어, 지리적으로 좁고 긴 지역을 가리킨다. 그래서 건축 속 회랑이 거의 사라진 오늘날, 회랑이라고 하면 지정학적으로 중요한 좁고 긴 지역을 가리킨다.

역사적으로 제2차 세계대전의 불씨가 폭발한 곳은 독일과 폴란드의 이해관계가 얽혀 있던 '폴란드 회랑'이었다. 물론 폴란드 회랑은

↑ 수바우키 회랑. 폴란드와 리투아니아를 양쪽에 두고 칼리닌그라드와 벨라루스를 연결하는 약 100km에 이르는 육상 통로로, 이름은 이 일대의 폴란드 도시 수바우키(Suwałki)에서 유래했다. 폴란드와 리투아니아의 국경을 이룬다.

히틀러에게 전쟁 명분에 불과했지만.

또 아프가니스탄 동북부에 있는 좁고 긴 지역으로, 타지키스탄, 파키스탄, 중국, 아프가니스탄이 맞대고 있는 '와칸 회랑' 역시 지정학적으로 중요하다.

최근에 국제적으로 관심 지역이 된 회랑도 있는데, 바로 러시아 역외(域外) 영토, 즉 본토에서 떨어져 존재하는 국토인 칼리닌그라드와 러시아에 밀접한 동맹국인 벨라루스를 연결하는 '수바우키 회랑'이다.

수바우키 회랑을 둘러싼 리투아니아와 폴란드는 나토 동맹국, 회랑의 양쪽은 러시아 또는 러시아 동맹국이니, 당연히 긴장 관계에 놓일 수밖에 없다.

한 글자, 여러 가지 뜻

○

한

62

'한'이라는 글자는 동아시아에서 매우 중요하다. 우리 겨레에게도 그렇고, 중국에도 그러하며, 몽골을 비롯한 북방 민족에게도 중요한 글자다. 물론 그 표기법은 각기 다르지만, 우리는 똑같이 '한'으로 읽는다.

오늘날 표기법은 다르지만, 과거에 동아시아에서 '한'이라는 소리는 그만큼 중요하고 긍정적인 뜻을 가졌다. '한'에는 여러 의미가 있지만 우선 동아시아 각국에서 비슷한 뜻을 갖는 경우를 살펴보자.

- 한- : '큰'의 뜻을 더하는 접두사.
- 한(韓) : '대한제국'을 줄여 이르는 말. =한국.
- 한(漢) : 중국에서 역대로 존재하였던 전한, 후한, 촉한, 성한, 북한, 남한 따위를 두루 이르는 말. =한나라.
- 한(汗) : '칸'의 음역어.
- 칸(khan) :
  ① 예전에 페르시아·아프가니스탄 따위에서 높은 관리를 이르던 말.
  ② 중세에 몽고·튀르키예·타타르·위구르에서 군주를 이르던 말.
- 한(汗/翰/韓) : 삼한·삼국 시대에 족장, 임금, 으뜸 벼슬 따위를 이르던 말.

중국, 몽골 등 동아시아에서 중앙아시아에 이르는 북방 민족, 그리고 한반도에 이르기까지 모든 나라에서 군주, 임금, 으뜸 벼슬, 나라 들을 가리켜 '한' 또는 '칸'이라고 불렀음을 알 수 있다.

중국 역사를 보더라도 유방이 세운 한(漢)나라 외에, 훗날 유방의 후손인 유비가 세운 촉한(蜀漢), 그리고 한나라 이전 전국시대에 전국칠웅(戰國七雄) 가운데 하나였던 강대국 한(韓) 등 '한'으로 읽는 여러 나라가 있었다. 그뿐이 아니다. 오늘날에도 중국을 대표하는 민족, 문화를 나타낼 때 '한자(漢字)', '한족(漢族)'이라는 단어를 사용한다.

우리나라에서도 마찬가지다.

앞서 살펴본 것처럼 '한-'은 '큰'을 나타낸다.

본래 우리 민족은 '큰 것', '높은 것', '넓은 것', '깊은 것'을 늘 좋게 여겼다. 그렇다면 그런 것 가운데 좋지 않은 것은 어떻게 표현했을까? '너무 크다, 너무 높다, 너무 넓다, 너무 깊다'처럼 썼다. 본래 우리말에서 '너무'는 "일정한 정도나 한계를 훨씬 넘은 부정적인 상태"를 가리켰기 때문이다.

그런데 언제부터인가 사람들이 '너무'를 긍정의 뜻으로 쓰기 시작했다.

"너무 예쁜데." "너무 아름다워." "너무 좋아." "너무 기뻐." "너무 고마워."

결국 국립국어원도 시민의 언어생활을 무시할 수 없어, '너무'를 부정적 뜻을 갖는 표현이 아니라 "일정한 정도나 한계를 훨씬 넘어선 상태로"라는 중립적 단어로 바꾸기에 이른다.

그래도 전통은 남아 있으니 '한-'(큰)이 들어가는 표현은 대부분 좋은 뜻을 갖는다는 사실을 잊지 말자.

- 한가득 : 꽉 차도록 가득.

  예) 그들은 승리의 기쁨을 한가득 안고 돌아왔다.

- 한가락 : 어떤 방면에서 썩 훌륭한 재주나 솜씨.

  예) 한가락 하다.*

- 한가슴 : 온 가슴.

  예) 그들은 부푼 기대를 한가슴에 안고 이 학교에 입학했다.

- 한가을 : 한창 무르익은 가을철.

  예) 한여름, 한봄, 한겨울.

- 한걱정 : 큰 걱정. =한근심. 한시름.

- 한겨레 : 큰 겨레라는 뜻으로, 우리 겨레를 이르는 말.

- 한고비 : 어떤 과정에서 가장 중요하거나 어려울 때.

  예) 한고비 지나다.

- 한댁 : 살림살이의 규모가 매우 큰 집.

- 한더위 : 한창 심한 더위.

- 한물 :

  ① 채소, 과일, 어물 따위가 한창 수확되거나 쏟아져 나올 때.

  예) 이제 곧 봄이니 귤도 한물이 지났다.

  ② 비가 많이 와서 강이나 개천에 갑자기 크게 불은 물. =큰물.

  예) 한물 피해. / 한물이 나다.

- 한철 : 한창 성한 때.

  예) 한철 만나다. / 메뚜기도 한철.

- 한터 : 넓은 빈터.

---

* '한가닥 하다'라고 쓰는 사람이 있는데, 이는 규범 외 표기다.

'한-'이 '큰'의 의미로 쓰인 단어가 무척 많음을 알 수 있다.

지금까지 '크다'는 뜻을 갖는 접두어 '한-'을 살펴보았다. 그러나 '한' 하면 가장 먼저 떠오르는 뜻은 '하나'다.

- 한 : 「관형사」
  ① 그 수량이 하나임을 나타내는 말.
    예) 한 사람. / 책 한 권.
  ② '어떤'의 뜻을 나타내는 말.
    예) 옛날 강원도의 한 마을에 효자가 살고 있었다.
  ③ '같은'의 뜻을 나타내는 말.
    예) 동생과 나는 한 이불을 덮고 잔다.
  ④ '대략'의 뜻을 나타내는 말.
    예) 한 20분쯤 걸었다.

'하나'라는 뜻으로 자주 쓰는 '한'이지만 그 외에도 여러 뜻을 품고 있다.

다음으로 위에서 살펴본 '한'이 들어가는 표현들을 살펴보자.

- 한솥밥 : 같은 솥에서 푼 밥. =한가마밥.
  속담) 한솥밥 먹고 송사한다 : 한집안 또는 아주 가까운 사이에 다투는 경우를 이르는 말.
- 한걸음 : 쉬지 아니하고 내처 걷는 걸음이나 움직임.
  예) 한걸음에 달려가다.
- 한나절 :
  ① 하룻낮의 반(半). ≒반나절, 반날, 반오, 반일.

예) 거기에까지 가는 데만 한나절은 걸린다.

② 하룻낮 전체.

● 한날한시 : 같은 날 같은 시각.

속담) 한날한시에 난 손가락도 짧고 길다 : 온갖 사물은 다 고유의 특

성을 가지고 있어서 구별이 된다는 말.

● 한눈 :

① 한 번 봄. 또는 잠깐 봄.

예) 한눈에 반하다.

② 한꺼번에, 또는 일시에 보는 시야.

예) 시가지가 한눈에 들어오다.

③ 잠을 자려고 잠깐 붙일 때의 눈.

④ 마땅히 볼 데를 보지 아니하고 딴 데를 보는 눈.

● 한뉘 : 살아 있는 동안. =한평생.

● 한달음 : 중도에 쉬지 아니하고 한 번에 달려감.

예) 한달음에 달려가다.

● 한뜻 : 같은 뜻. =한마음.

예) 한마음 한뜻.

● 한목 : 한꺼번에 몰아서 함을 나타내는 말.

예) 돈 생기면 한목에 갚을게.

● 한소끔 :

① 한 번 끓어오르는 모양.

예) 밥이 한소끔 끓다.

② 일정한 정도로 한 차례 진행되는 모양.

예) 한소끔 자다.

한편 '한'이 '큰'과 '하나'의 두 가지 뜻 모두를 갖는 단어도 있다.
같은 단어라도 뜻에 차이가 있는 셈이다.

- 한길 :
  ① 사람이나 차가 많이 다니는 넓은 길.
    예) 한길로 나가지 말아라.
  ② 하나의 길. 또는 같은 길.
    예) 그는 30년 동안 오직 한길로 민주화운동에 매진했다.
- 한숨 :
  ① 숨을 한 번 쉴 동안. 또는 잠깐 동안의 휴식이나 잠.
    예) 잠 한숨 못 잤다. / 한숨 돌리다.
  ② 근심이나 설움이 있을 때, 또는 긴장하였다가 안도할 때 길게 몰
  아서 내쉬는 숨.
    예) 안도의 한숨.
- 한입 :
  ① 입에 음식물 따위가 가득 찬 상태.
    예) 입에 밥이 한입이다.
  ② 한 번 입을 벌린 상태.
    예) 뱀이 쥐를 한입에 삼켜 버렸다.
  ③ 똑같은 말을 하는 여러 사람의 입.
    예) 모두가 한입으로 말했다.
- 한데 :
  ① 한곳이나 한군데.
    예) 한데 모이다. / 한데 합치다.
  ② 사방, 상하를 덮거나 가리지 아니한 곳. 곧 집채의 바깥을 이른다.

≒노천, 바깥, 밖.

예) 몸도 안 좋은데 한데 너무 오래 있지 마라.

한편 '한데'의 '한'은 '바깥'을 가리키는 접두사이다. 그러니 '한-'이라는 접두사는 여러 뜻을 갖고 있음을 알 수 있다. '한데'가 들어가는 표현들은 모두 사이시옷이 들어가는 점도 기억하자.

- 한뎃뒷간 : 집 울타리 밖에 있는 뒷간.
- 한뎃잠 : 한데에서 자는 잠. ≒노숙, 노차.

천天

63

'하늘 천(天)'은 동서양을 막론하고 좋은 뜻을 갖는 글자다. 고유어 '하늘' 역시 생각만 해도 좋은 말이다.

그 가운데 최고는 역시 하늘나라를 가리키는 표현일 것이다.

- 천국(天國):
  ① 하느님이나 신불(神佛)이 있다는 이상(理想) 세계.
  ② 어떤 제약도 받지 아니하는 자유롭고 편안한 곳. 또는 그런 상황.
  예) 젊은이들의 천국.
  ③ 이 세상에서 예수를 믿은 사람이 죽은 후에 갈 수 있다는, 영혼이 축복받는 나라.
- 천계(天界): 불교 용어로, 십계의 하나. 십선(十善)을 닦으면 간다고 하는 하늘 위의 세계를 이른다. =천상계.
- 천당(天堂):
  ① 이 세상에서 예수를 믿은 사람이 죽은 후에 갈 수 있다는, 영혼이 축복받는 나라. =천국.
  ② 불교 용어로, 하늘에 있는 궁전.

하늘나라가 기독교에만 있는 것이 아님을 알 수 있다.

그렇다면 하늘나라에는 무엇이 있을까?

● 천궁(天弓) : 하늘 가운데에 활처럼 둥글게 구부러져 있다는 뜻으로, '무지개'를 달리 이르는 말.

궁(弓)이 '활'을 뜻하니, 하늘이 활처럼 굽은 것이 무지개인 셈이다.

● 천도(天桃) : 하늘나라에서 난다고 하는 복숭아.

'천도'가 하늘나라 복숭아를 가리키니, '천도복숭아'라고 부르는 것은 중복된 표현이다.
반면에 착각하기 쉬운 것도 있다.

● 천막(天幕) : 비바람이나 이슬, 볕 따위를 가리기 위하여 말뚝을 박고 기둥을 세우고 천을 씌워 막처럼 지어 놓은 것. 또는 그 천.
● 천관(天官) :
　① '이조'를 달리 이르던 말.
　② 조선시대에 '이조판서'를 달리 이르던 말. 육조(六曹)의 판서 가운데 으뜸이라는 뜻이다.
● 천병(天兵) : 천자의 군사를 제후의 나라에서 이르던 말.
● 천자(天子) : 천제(天帝)의 아들, 즉 하늘의 뜻을 받아 하늘을 대신하여 천하를 다스리는 사람이라는 뜻으로, 군주 국가의 최고 통치자를 이르는 말. 우리나라에서는 임금 또는 왕(王)이라고 하였다.

'천막(天幕, 하늘 천, 막 막)'은 하늘에서 쓰는 가림막이 아니라, 하늘을 가려 주는 가림막인 셈이다.
'천관(天官, 하늘 천, 벼슬 관)' 역시 하늘에서 일하는 벼슬아치가 아니라, 조선시대 행정조직인 육조 가운데 으뜸 관서인 이조(吏曹)를 가리킨다. 이조는 관리의 인사권을 가지고 있었다. 예나 이제나 인사권이 최고 권력임에는 변함이 없다.

'천병(天兵, 하늘 천, 병사 병)'도 하늘의 병사가 아니라, 중국에서 천자의 군사를 가리키는 표현이다.

'천자(天子, 하늘 천, 아들 자)'는 하늘의 뜻을 받아 천하를 다스리는 사람, 즉 왕이나 황제를 가리킨다. 천자가 머무는 조정은 '천조(天朝)'라고 했는데, 제후국이 부르는 호칭이었다.

마지막으로 특이한 표현을 살펴본다. '천적(天敵, 하늘 천, 적 적)'은 하늘의 적이 아니다.

● 천적(天敵) : 잡아먹는 동물을 잡아먹히는 동물에 상대하여 이르는 말. 예를 들면, 쥐에 대한 뱀, 배추흰나비에 대한 배추나비고치벌, 진딧물에 대한 무당벌레 따위이다. ≒목숨앗이.

천적은 태어날 때부터 적인 동물을 가리키는 셈이다. 생명체의 천적 가운데 으뜸은 사람이 아닐까. 모든 동물은 물론 식물도 뿌리째 갈아 없애는 게 인간이니 말이다.

맛

64

"살기 위해서 먹느냐, 먹기 위해서 사느냐?" 하는 질문을 한두 번쯤은 들어 보았을 것이다.

생존에 필수적인 행위가 먹는 것 외에 자는 것, 싸는 것, 숨 쉬는 것 등 많은데, "살기 위해서 자느냐(싸느냐/숨 쉬느냐), 자기(싸기/숨 쉬기) 위해서 사느냐?" 같은 질문을 하는 사람은 없다. 먹는 행위는 생존에 필수적이기도 하지만, 그만큼 즐거움도 주기 때문에 이런 질문도 생긴 것 같다.

이때 즐거움은 '먹는 것'이 아니다. 먹을 때 느끼는 '맛'이다. 맛 때문에 먹는 것이지, 그저 먹는 것이 즐거운 것은 아니다. "몸에 좋은 것은 입에 쓰다."라는 격언이 있는데도 입에 단 것을 먹는 까닭이다.

그렇다면 맛에는 어떤 것이 있을까?

최고의 맛은 이것이 아닐까.

● 살맛 :

① 세상을 살아가는 재미나 의욕.

　예) 살맛이 나다. / 살맛을 잃다.

② 남의 살과 서로 맞닿았을 때 느끼는 느낌.

　예) 살맛이 부드럽다.

③ 성행위에서 상대편의 육체로부터 느껴지는 쾌감을 속되게 이르

는 말.

첫 번째 뜻의 '살맛'이 없는 삶은 참으로 고단하다. 재미나 의욕이 없는데도 의무감으로 사는 것은 지루하고 고달플 테니 말이다. 그러고 보면 우리 모두 '살맛'을 찾아 헤매는 것이 아닐까 싶기도 하다. 복권을 산 후 당첨의 꿈을 꾸는 것 역시 살맛의 일종이요, 니체가 온 정신을 갈아 넣어 쓴 책을 읽으며 참된 삶을 찾는 행위 역시 살맛의 일종이다.

두 번째 뜻 역시 우리에게 즐거움을 주는 것은 비슷하다. 물론 불쾌한 인간과 살을 맞댈 때 느끼는 '살맛'은 썩 좋지 않겠지만, 인간은 사회적 동물이니까 남과 살을 맞대고 살아가는 것이 산 자의 숙명이다.

세 번째 뜻이야 두말할 나위도 없다. '성욕(性慾)'(성적 행위에 대한 욕망)은 인간의 본능이자, 인간이라는 종의 유지를 위해 반드시 필요하니 말이다.

살맛의 반대말이라고 할 수 있는 게 '죽을 맛'이다.

● 죽을 맛 : 세상을 살고 싶지 않을 정도로 큰 고통이나 괴로움.*

유의해야 할 것은, '죽을 맛'은 독립적인 명사가 아니라는 사실이다. 그래서 '죽을맛'이 아니라 '죽을 맛'처럼 띄어 써야 한다.

● 참맛 :

---

* 국립국어원 '우리말샘'.

① 본래의 맛. ≒진미.

　예) 씹을수록 고소한 낙지의 참맛.

② 참된 맛. ≒진미.

　예) 여행의 참맛. / 고생을 통해서 인생의 참맛을 느끼다.

'참맛'은 '참+맛'이니, '진짜 맛'이다. 사실 약의 참맛은 쓸 것이고, 아마존 오지를 여행하다 보면 수천 마리 모기에 물리는 여행의 참맛도 느끼게 된다. 그러니 참맛이 늘 긍정적인 것은 아니다. 하지만 참맛이라는 단어는 대부분 긍정적으로 쓴다. "내 너에게 고통의 참맛을 느끼게 해 주마." 이런 표현을 쓰는 경우는 별로 없다는 말이다.

위 용례 역시 모두 긍정적으로 쓰였다. 고통이라고 해서 우리 삶에 늘 부정적인 것은 아니다.

앞서 살펴본 '살맛'과 '참맛'이 추상적인 맛이었다면, 지금부터는 구체적인 맛이다.

● 꿀맛 :

① 꿀의 단맛.

　예) 토종꿀이라서 그런지 꿀맛이 다르다.

② 꿀처럼 달거나 입맛이 당기는 맛.

　예) 배가 고파서인지 밥맛이 꿀맛이다.

③ 매우 재미있거나 잇속이 있음을 비유적으로 이르는 말.

　예) 신혼 생활이 여간 꿀맛이 아니다.

구체적인 맛 가운데 최고는 역시 '꿀맛'이다. 오래전, 그러니까 설탕이 없거나 귀할 때는 꿀이 그 역할을 했을 것이다. 그러니 꿀맛이 주는 기쁨은 형언하기도 어려웠을 것이다. '꿀맛'에 두 번째나 세 번째 같은 추상적인 뜻이 담긴 것 역시 그 때문이다.

- 단맛 : 설탕, 꿀 따위의 당분이 있는 것에서 느끼는 맛. ≒감미, 감지.

'단맛'은 꿀맛과 비슷한데, 사전 뜻으로만 보면 단맛에는 추상적인 의미가 없는 듯하다. 그러니 꿀맛이 단맛보다 더 좋은 셈이다. 하지만 "단맛 쓴맛 다 보았다"(세상의 괴로움과 즐거움을 모두 겪었음을 비유적으로 이르는 말)라는 속담에서 보듯이 '단맛'이 추상적인 뜻으로도 쓰이기는 한다.

- 감칠맛 :
    ① 음식물이 입에 당기는 맛.
    예) 감칠맛이 나다.
    ② 마음을 끌어당기는 힘.
    예) 목소리가 감칠맛 있게 곱다. / 그녀는 이야기를 감칠맛 나게 잘한다.

'감칠맛'을 정확히 표현하기는 어렵지만, 그렇다고 어떤 맛인지 모르는 사람도 거의 없다. 감칠맛의 정확한 뜻을 알기 위해서는 자주 쓰지 않는 동사 '감치다'를 살펴보아야 한다.

- 감치다 :
    ① 어떤 사람이나 일, 느낌 따위가 눈앞이나 마음속에서 사라지지 않고 계속 감돌다.

예) 그때의 일이 두고두고 머릿속에 감치고 잊히질 않는다.

② 음식의 맛이 맛깔스러워 당기다.

예) 꿀맛이 입에 감치다. / 맥주가 입에 감칠 듯하다.

뜻을 보니 '감치다'라는 동사를 자주 사용하는 삶은 행복할 듯하다.

● 손맛 :

① 손으로 만져 보아 느끼는 느낌.

예) 주머니에 든 물건이 무엇인지를 손맛으로 알았다.

② 낚싯대를 잡고 있을 때, 고기가 입질을 하거나 물고 당기는 힘이 손에 전하여 오는 느낌.

③ 음식을 만들 때 손으로 이루는 솜씨에서 우러나오는 맛.

예) 어머니의 손맛이 배어 있는 음식.

④ → 매맛.

음식과 관련해 '손맛'을 쓰면 그건 무조건 좋은 뜻이다. 그러나 "손으로 이루는 솜씨에서 우러나오는 맛"이니 모든 사람의 손맛이 좋을 수는 없다. 그렇다고 부정적으로 쓰지는 않는다. "그 사람은 손맛이 형편없어." 이런 표현은 들어 본 적이 없을 것이다. 그러니 '손맛'은 '손맛이 좋다', '손맛이 있다'와 같은 뜻이라고 해도 크게 어긋나지 않는다.

한편 '손맛'은 '매맛'을 뜻하기도 한다.

● 매맛 : 매를 맞아 아픈 느낌.

예) 너 이놈, 어디 매맛 좀 볼래?

'손맛'이 부정적으로 쓰인 경우라 할 수 있는데, '매맛'은 다음 맛과도 통한다.

● 매운맛 :
① 입 안 점막을 자극하였을 때 느낄 수 있는 알알한 맛. ≒신미.
② 알알하고 독한 느낌이나 기분을 비유적으로 이르는 말.
　　예) 네가 아직도 바른 소리를 안 하는 것을 보니 매운맛을 덜 본 모양이구나.

'매운맛'은 음식의 맛 외에 고통을 겪을 만한 추상적인 맛도 가리킨다. 쓴맛 역시 마찬가지다.

● 쓴맛 :
① 소태나 씀바귀 따위의 맛처럼 느껴지는 맛. ≒고미.
　　예) 요즘 씀바귀는 자연산이 아니라서 그런지 쓴맛이 덜 난다.
② 달갑지 아니하고 싫거나 언짢은 느낌. ≒고미.
　　예) 이 선수는 이번 대회에서 첫 패배의 쓴맛을 보았다.
　　속담) 쓴맛 단맛 다 보았다 : 세상의 괴로움과 즐거움을 모두 겪었음을 비유적으로 이르는 말.

'쓴맛'은 단맛의 반대말로, 부정적인 뜻만 갖는 드문 맛이다.

● 짠맛 : 소금과 같은 맛. ≒함미.

- 신맛 : 식초와 같은 맛. ≒산미.

  예) 신맛이 나다.

'짠맛'과 '신맛'은 음식 맛 가운데 하나인데, 비유적인 뜻은 갖지 않는다.

다음 표현은 구체적인 맛은 아닌데, 생활에서 자주 쓰는 표현이다.

- 밥맛 :

  ① 밥에서 나는 맛.

    예) 현미밥은 영양가가 높은 것은 물론 꼭꼭 씹으면 밥맛도 괜찮다.

  ② 밥을 비롯한 음식이 입에 당기어 먹고 싶은 상태.

- 입맛 :

  ① 음식을 먹을 때 입에서 느끼는 맛에 대한 감각. ≒구미, 식미, 밥맛, 식욕(食慾).

    예) 입맛이 당기다.

  ② 어떤 일이나 물건에 흥미를 느껴 하거나 가지고 싶어 하는 마음을 비유적으로 이르는 말.

    예) 제 입맛에 딱 맞는 일은 없다. / 입맛이 까다로운 그녀에게 줄 선물을 고르기가 쉽지 않다.

'밥맛'은 사전에도 나와 있듯이 '입맛'과 비슷한말이다.

한편 요즘 이른바 신조어(新造語)가 많이 등장하는데, 그 가운데는 멋진 것도 있고 어색하거나 속된 것도 있다. 신조어 가운데 으뜸은 '가성비'라고 하겠다.

↑ 긴맛. 가리맛조갯과와 죽합과의 조개를 통틀어 '맛'이라고 하는데, 가리맛, 죽합 등이 모두 긴맛과 비슷하게 생겼다.

● 가성비(價性比) : '가격 대비 성능의 비율'을 줄여 이르는 말.*

'이 단어를 사용하기 전에는 이런 뜻을 어떻게 표현했지?' 하는 느낌이 들 정도로 생활에서 자주 쓰고 꼭 필요한 단어가 되었으니 말이다. 이 단어는 곧 사전에 정식으로 등재될 것이라는 확신이 든다.

그런 면에서 '병맛'(영 좋지 않음. 어이없음. 짜증 남)이라는 신조어는 뜻은 그럴듯한데, '병신+맛'이라는 구조가 시대에 맞지 않은 게 사실이다. 오늘날 '병신', 즉 장애인을 낮잡아 이르는 표현은 축출하는 분위기이니 말이다.

마지막으로 독특한 맛 하나를 살펴보자.

● 긴맛 : 죽합과의 연체동물. 껍데기의 길이는 12cm 정도이며, 몸은 누런 갈색에 매끈매끈한 각피가 덮여 있다. =맛조개.

---

* 국립국어원 '우리말샘'.

'긴맛'은 '오래가는 맛'이 아니라, 길쭉하게 생긴 조개를 부르는 호칭이다.

곰

65

'곰' 하면 떠오르는 건 우직해 보이는 동물 곰이다.

● 곰 :

① 포유강 식육목 곰과의 동물을 통틀어 이르는 말. 몸이 비대하며
다리가 굵고 짧다. 깊은 산이나 북극 지방에 살며 나무에 잘 오르고
잡식성으로 대부분 겨울에는 굴속에서 겨울잠을 잔다. 대부분 북반
구에 분포한다.
② 미련하거나 행동이 느린 사람을 놀림조로 이르는 말.

우리 겨레에게 곰은 매우 중요한 동물이다. 곰이 환웅이 주는 쑥
과 마늘만 먹은 채 21일을 견뎌 사람이 된 후 환웅과의 사이에서 단
군을 낳았다는 설화는 우리 민족이 곰을 신성시했다는 사실을 알려
준다. 가락국의 시조인 김수로왕의 비(妃) 허황옥이 곰 꿈을 꾼 후 태
자를 낳았다는 기록 역시 마찬가지다.

한편 곰은 어린이들에게 친숙한 동물로 둔하고 어리석으면서도
순수하다는 느낌이 강한데, 실제로는 거칠고 두려운 동물이다.

어린이들이 매우 좋아하는 인형(人形)* 가운데 '곰돌이'라고 불리
는 곰 인형이 있는 것은 유명하다. 그러나 사전에서 '곰돌이'를 찾아
보면 놀라게 된다.

● 곰돌이 : 자꾸 계속하여 도는 일.

  예) 그는 운동장을 몇 바퀴째 곰돌이를 하였으나 잃어버린 시계를 찾을 수는 없었다.

'곰돌이'의 '곰'이 어떤 뜻인지는 불분명한데, 다음 표현을 보면 어렴풋하게나마 흔적을 찾을 수 있다.

● 곰비임비 : 물건이 거듭 쌓이거나 일이 계속 일어남을 나타내는 말.

  예) 경사스러운 일이 곰비임비 일어난다.

즉, '곰비임비'나 '곰돌이'가 모두 어떤 일이 반복됨을 나타내고 있음을 알 수 있다.

그렇다면 '곰'에 다음과 같은 뜻도 있음을 떠올려 보자.

● 곰 : 고기나 생선을 진한 국물이 나오도록 푹 삶은 국.

'곰국' 또는 '곰탕'은 "고기나 뼈 따위를 무르거나 진액이 빠지도록 끓는 물에 푹 삶다"라는 뜻을 갖는 동사 '고다'에서 온 것이다. 따라서 오랫동안 여러 번에 걸쳐 끓인다는 사실에서, '반복'의 뜻을 가져온 것이 아닐까 싶기도 하다.

● 곰삭다 :

---

* 인형(人形)은 '사람의 모양'이라는 뜻이다. 따라서 사람 모양을 한 장난감을 인형이라고 부르는데, 오늘날 그 뜻이 확장되어 사람은 물론 동물 모양을 본떠 만든 장난감도 인형이라고 부른다.

① 옷 따위가 오래되어서 올이 삭고 질이 약해지다.

예) 곰삭아 너덜너덜해진 옷.

② 젓갈 따위가 오래되어서 푹 삭다.

예) 새우젓은 곰삭아야 제맛이 난다.

③ 풀, 나뭇가지 따위가 썩거나 오래되어 푸슬푸슬해지다.

● 곰파다 : 사물이나 일의 속내를 알려고 자세히 찾아보고 따지다.

'곰삭다'와 '곰파다' 역시 오랫동안 끓이고 또 끓이는 '곰'의 뜻을 차용한 듯하다.

● 곰바지런하다 : 일하는 것이 시원시원하지는 못하지만 꼼꼼하고 바지런하다.

한편 '곰바지런하다'는 "미련하거나 행동이 느린 사람"을 뜻하는 '곰'에서 비롯된 듯하다.

● 곰손이 : 곰과 같이 순하고 든직한 사람.

● 곰투덜 : 혼자 투덜거리는 일.

● 곰살갑다 : 성질이 보기보다 상냥하고 부드럽다.

● 곰상스럽다 :

① 성질이나 행동이 싹싹하고 부드러운 데가 있다.

예) 곰상스럽게 대하다.

② 성질이나 행동이 잘고 꼼꼼한 데가 있다.

예) 그런 일에 곰상스럽게 마음을 쓰다가는 아무 일도 못 하네.

'곰손이'와 '곰투덜'은 동물 '곰'에서 유래한 것이 분명해 보인다. '곰살갑다'와 '곰상스럽다' 역시 그런 듯한데, 확실치는 않다. 어쩌면 '곰살'이나 '곰상' 같은 어감을 통해 '부드러운 성질'을 나타낼지도 모른다.

메

66

"우리말이 최고야!"를 외치는 사람들 가운데도 진짜 우리말의 맛을 아는 이는 흔치 않다. 그만큼 우리말의 깊이가 깊다는 뜻일 텐데, 당연하다. 수천 년에 걸쳐 탄생한 우리말을 하루아침에 다 알 수는 없을 테니 말이다.

그런 우리말 가운데 하나인 '메'에 대해 살펴보자. '매'가 아닌 '메'다.

우선 등장하는 게 물건 명칭이다.

● 메 : 묵직하고 둥그스름한 나무토막이나 쇠토막에 자루를 박아 무엇을 치거나 박을 때 쓰는 물건. ≒종규.

예) 메로 떡을 치다. / 메로 말뚝을 박다.

'메'는 두툼한 나무토막이나 쇠, 돌 등으로 만든 물건으로, 다양한 용도에 사용했다. 쇠로 만든 '쇠메', 돌로 만든 '돌메', 나무로 만든 '목메' 등은 재료에 따른 명칭이다. 또 메의 대표적인 기능인 "인절미나 흰떡 따위를 만들기 위하여 찐 쌀을 치는 메"를 가리켜 '떡메'라고 부른다.

예전에는 집집마다 떡을 해 먹었지, 사 먹는 것은 상상하기 힘들었다. 당연히 메는 필수품이었고, 그래서 '메'가 들어가는 속담도 여

↑ 나무로 만든 떡메. 떡판이라고도 부르는 안반(떡을 칠 때에 쓰는 두껍고 넓은 나무판)에 찐 쌀을 놓고 칠 때 사용하는 도구로, 이렇게 하면 떡이 찰지고 부드러워진다.

럿 있다.

● 메로 독 치듯 한다 : 매우 요란스럽게 일을 벌인다는 뜻으로 비유하는 말.(정종진,《한국의 속담 대사전》)

메로 독을 치면 깨지고 만다. 그러니 실속도 없으면서 요란만 떠는 모습을 가리킨다.

● 메로 치나 절구로 치나, 떡방아는 한가지라 : 이렇게 하나 저렇게 하나 결과는 마찬가지라는 뜻으로 빗대는 말.(정종진,《한국의 속담 대사전》)

'메'는 '밥'을 가리키기도 한다. 그러나 일반적인 밥이 아니다.

● 메 :
　① 제사 때 신위(神位) 앞에 놓는 밥.
　② 궁중에서, '밥'을 이르던 말.

제사나 차례상에 올리는 밥을 가리켜 '메'라고 한다. 또 궁중에서 밥을 가리킬 때도 '메'라고 했으니, 높은 분께 올리는 밥을 뜻한다고 하겠다. 밥을 가리키는 또 다른 존대 표현이 '진지'다.

다음에는 접두사 '메-'를 살펴보자.

우리가 평상시에 먹는 쌀을 가리켜 '멥쌀'이라고 부른다. 반면에 떡을 해 먹거나 다른 용도로 쓰는 쌀을 '찹쌀'이라고 부른다. 찹쌀은 "찰벼를 찧은 쌀"로 점성이 높다. 반대로 멥쌀은 "메벼를 찧은 쌀"로 점성이 낮다.

● 메- : (곡식을 나타내는 몇몇 명사 앞에 붙어) '찰기가 없이 메진'의 뜻을 더 하는 접두사.

반대말) 찰-.

멥쌀 역시 접두사 '메-'에 '쌀'이 붙은 말이다. 《훈몽자회》를 보면 '뫼뿔'이라는 표현이 나오는데, 이는 '뫼+뿔'로 멥쌀의 어원이다.

아무리 한자를 모르는 사람이라도 '山'(메 산)이라는 한자를 모르는 이는 별로 없을 것이다. 이 글자는 산의 모양을 본떠 만든 글자로 '산'을 뜻한다. 그런데 이 글자의 훈(訓)*을 '산'이 아닌 '메'라고 한다. 왜 그럴까? 우리 조상들이 '산'을 '메'라고 불렀기 때문이다. 그러니까 당연히 우리말이라고 여긴 '산'이 사실은 한자어고, 우리말은 '메'인 것이다.

● 메 : '산'을 예스럽게 이르는 말.

---

* 낱낱의 한자를 읽을 때, 한자의 음(音) 앞에 풀이하여 놓은 뜻.

산을 뜻하는 '메'에 대해서는 더 살펴볼 내용이 있다. 혹시 산토끼, 산돼지, 산나물이라는 말을 아는가? 당연히 알 것이다. 여기서 산토끼나 산나물은 익숙한데, 산돼지는 아무래도 낯설다.

● 멧돼지 : 멧돼짓과의 포유류. 주둥이가 매우 길고 목은 짧으며 날카로운 엄니가 있다. 잡식성이고 유라시아 대륙 중부·남부의 산림에 분포한다.

산돼지라는 말 대신 멧돼지라는 말을 쓰기 때문이다. '멧돼지'는 '뫼+-ㅅ+돝+-이+아지'*가 어원으로, 오래전부터 사용한 단어다. 그렇다면 산토끼나 산나물은 어떨까?

● 멧나물 : 산에서 나는 나물. =산나물.
● 멧토끼 : 토낏과의 포유류. 야산에 사는데 한국, 일본, 중국 등지의 아시아 북부와 유럽 등지에 분포한다. ⇒규범 표기는 '산토끼'이다.
● 멧짐승 : '산짐승'을 예스럽게 이르는 말.

그러니까 '멧나물'은 산나물인데 규범 표기인 반면, '멧토끼'는 산토끼와 같지만 규범 표기는 아니다. 왜 그럴까? '산'이 규범 표기이고, '메'는 사전에 나와 있듯 "'산'을 예스럽게 이르는 말"이기 때문이다. 물론 지금도 전남 지방에서는 '산'을 '멧'이라고도 한다. '멧'이 '산'의 전남 방언인 셈이다.

그래서 '멧-'이 들어가는 단어 가운데 어떤 것은 규범 표기가 되었

---

* 이 책 67쪽의 '돼지의 어원'에 관한 내용 참조.

고, 또 어떤 것은 규범 표기가 아니다.

- 멧기슭 : 산의 비탈이 끝나는 아랫부분. =산기슭.
- 멧대추나무 : 갈매나뭇과의 낙엽 활엽 교목. 대추나무와 비슷하나 가시가 나고 열매가 둥근 점이 다르다. 산기슭의 양지와 촌락 부근에 나는데 한국, 중국, 유럽 남부, 몽골 등지에 분포한다. ≒산대추나무.
- 멧비둘기 : 비둘깃과의 새. 암수가 비슷하며, 몸은 포도색을 띤 회갈색이다. 시베리아 남부, 사할린, 한국, 일본, 중국, 히말라야 등에 분포한다. ≒골구, 산구, 산비둘기.
- 멧부리 : 산등성이나 산봉우리의 가장 높은 꼭대기.
- 멧불 : 산에 난 불. =산불
- 멧줄기 : '산줄기'의 비규범 표기.

한편 '멧-'이 들어가는 경우와 '산-'이 들어가는 경우가 전혀 다른 뜻인 경우도 있다.

- 멧닭 : 꿩과의 새. 닭과 비슷하게 생겼는데 편 날개의 길이는 수컷이 26cm, 암컷이 23cm 정도이다. 만주, 러시아 동부 시베리아에 분포한다.
- 산닭 : 꿩과의 새. 편 날개의 길이는 25cm 정도로 수컷은 머리의 관모, 등 쪽, 꽁지가 순백색이다. 대만 특산종으로 1,000m 이상 숲속에 산다.
- 멧미나리 : 산형과의 여러해살이풀. 줄기는 굵고 1m 정도까지 자라며, 근생엽은 잎자루가 길고 경엽은 어긋난다. 골짜기나 산기슭에서 나는데 한국, 일본, 중국 북부에 분포한다.

- 산미나리 : 산형과의 여러해살이풀. 높이는 1m 정도이며, 경엽은 2
~3개인데 깃 모양의 쪽잎을 가진 겹잎이다. 산지(山地)에서 자라는데
우리나라 북부에 분포한다.
- 멧새 :

  ① 되샛과의 노랑턱멧새, 붉은뺨멧새, 긴발톱멧새 따위를 통틀어 이
  르는 말.

  ② 되샛과의 텃새. 참새와 비슷한데 몸의 길이는 17cm 정도이며, 등
  은 갈색에 검은 세로무늬가 있고 배는 연한 붉은 갈색, 머리 부분은
  어두운 갈색인데 가운데는 회색이다. ≒멥새, 삼도미.

  ③ '산새'를 예스럽게 이르는 말.

'멧새'는 또 다른 경우로, '산새'를 가리키기도 하지만 산새와는
전혀 다른 종류의 새를 가리키기도 한다.
한편 다음에 보는 동물은 뜻이 전혀 딴판이다.

- 멧부엉이 : 깊은 산속의 부엉이처럼 어리석고 메부수수하게 생긴 시
골 사람을 놀림조로 이르는 말.
- 멧괴새끼 : 들고양이처럼 성질이 거칠고 암상스러운 사람을 낮잡아
이르는 말.

'멧괴새끼'의 '괴'는 고양이를 가리킨다.*

---

* 이 책 66쪽의 '괴'에 관한 내용 참조.

쇠

67

'쇠' 하면 가장 먼저 떠오르는 것이 무엇일까? '철(鐵)'의 우리말일 것
이다.

> 기운센 천하장사 무쇠로 만든 사람
> 인조인간 로보트 마징가 Z
> 우리들을 위해서만 힘을 쓰는 착한 이
> 나타나면 모두모두 덜덜덜 떠네
> 무쇠 팔 무쇠 다리 로켓트 주먹
> 목숨이 아깝거든 모두모두 비켜라
> 마징가 쇠돌이 마징가 Z

장년 이상(하도 전설적인 캐릭터라 젊은 사람들 가운데도 아는 이가 있을
듯하지만)에서는 한 번쯤 안 들어 본 사람이 없는 1970년대 만화영화
〈마징가 Z〉의 주제가 1절이다. 여기 등장하는 것이 '무쇠', '무쇠 팔',
'무쇠 다리', '쇠돌이'다. 특히 쇠돌이라는 표현이 재미있다.

● 무쇠 :
① 1.7% 이상의 탄소를 함유하는 철의 합금(合金). 단단하기는 하나
부러지기 쉽고 강철에 비하여 쉽게 녹이 슨다. 주조(鑄造)하기가 쉬

워 공업 재료로 널리 쓴다. =주철(鑄鐵).

예) 무쇠 가마.

② 정신적으로나 육체적으로 강하고 굳센 것을 비유적으로 이르는 말.

예) 무쇠 다리.

쇠 가운데서도 가장 강한 것, 하면 떠오르는 것이 무쇠다. 사실 무쇠는 부러지기 쉬운데, 강함의 대명사가 된 것이 특이하다. 전통사회에서는 강철 만드는 기술이 없어서 그랬을 것이다.

쇠고랑, 쇠뇌, 쇠망치, 쇠못, 쇠몽둥이, 쇠붙이, 쇠스랑, 쇳돌, 쇳소리, 쇳조각 같은 단어에 쓰인 '쇠' 또는 '쇳(쇠+ㅅ)'이 모두 '철(鐵)'의 우리말이다.

그러나 '쇠'에 '철(鐵)'이라는 뜻만 있는 것은 아니다.

● 쇠제비갈매기 : 갈매깃과의 철새. 제비갈매기와 비슷한데 몸이 작으며 이마는 흰색이고 머리 위와 목, 눈의 앞에 있는 줄은 검은색이다. 한국·중국·일본 등지에 분포하며, 인도·필리핀·호주 등지에서 겨울을 난다.

● 쇠갈매기 : '쇠제비갈매기'의 북한어.

● 쇠기러기 : 오릿과의 철새. 몸은 기러기보다 작으며, 위쪽이 어두운 갈색, 아래쪽은 흰색이다. 한국, 일본, 인도, 중국 등지에서 겨울을 보내는데 우리나라에는 10월에 날아온다.

● 쇠오리 : 오릿과의 물새. 몸의 길이는 35cm 정도이고 오리 가운데 가장 작다. 하천, 호수 등지에 사는데 온대에서 열대에 걸쳐 분포한다. 늑상오리, 침부.

갈매기, 기러기, 오리 앞에 붙은 '쇠'가 '철'을 가리키지 않는 것은 분명하다. 아무리 강한 새라고 하더라도 새에게 철근 같은 이미지는 없으니까.

이때 '쇠'는 '작은 종류'를 뜻한다. 위 새들 설명을 보더라도 모두 '몸이 작으며', '기러기보다 작으며', '오리 가운데 가장 작다'처럼 작음을 강조하는 뜻이 있다. '소(小, 작을 소)'가 변해서 생긴 표현이 아닐까 싶다.

'쇠'에는 또 다른 뜻도 있다.

- 쇠고집 : 몹시 센 고집. 또는 그런 고집이 있는 사람. ≒소고집, 황소고집.

- 쇠귀 : 소의 귀. ≒소귀, 우이.

- 쇠기름 : 소의 지방 조직에서 얻은 기름. 백색의 덩어리로 특이한 냄새가 있으며 기름불, 연고류, 식용유, 비누의 제조 원료가 된다. ≒소기름, 우유, 우지.

- 쇠꼬리 : 소의 꼬리. ≒소꼬리.

- 쇠똥구리 : 쇠똥구릿과의 곤충. 여름철에 쇠똥이나 말똥 따위를 굴려 굴속에 저장하고 그 속에 알을 낳아 성충, 애벌레의 먹이로 쓴다. 한국, 유럽, 동아시아 등지에 분포한다. ≒강랑, 길강, 말똥구리, 소똥구리, 쇠똥벌레, 퇴환.

- 쇠전 : 소를 사고파는 장. =쇠장.

- 쇠파리 : 쇠파릿과의 곤충. 몸의 길이는 1.5cm 정도이며 누런 갈색이다. 소나 말의 살갗을 파고들어 피를 빨아 먹고 살며, 온대 지방에 널리 분포한다. ≒우승.

쇠똥구리는 '쇠똥'이나 '말똥' 안에 있는 영양분을 이용하기 위해 이를 굴속까지 굴려서 저장하고 그 속에 알을 낳는 까닭에 '쇠똥구리' 또는 '말똥구리'라는 명칭을 얻었다. 즉, 쇠똥구리와 말똥구리는 같은 곤충이다.

그리고 쇠파리와 혼동하기 쉬운 파리가 또 있다.

- 쉬파리 : 쉬파릿과의 곤충을 통틀어 이르는 말. 은빛얼룩쉬파리, 개울쉬파리, 검정쉬파리 따위가 있으며 썩은 고기나 산 동물에 기생한다.

"쉬파리 무서워 장 못 담글까", "쉬파리 끓듯" 같은 속담이나 관용구를 낳은 바로 그 파리다.

위 단어들에 붙어 있는 '쇠-'는 동물 '소'를 가리키는 말로, '소의'라는 말이 줄어든 형태이다. 따라서 '쇠고집=소고집', '쇠귀=소귀', '쇠기름=소기름', '쇠똥구리=소똥구리', '쇠전=소전'으로 바꿔 써도 같다. 다만 소파리*라는 곤충은 평안도 외에는 없다는 사실을 기억하자.

이게 다가 아니다. '쇠'에는 다른 뜻이 더 있다.

- 쇠뜨기 : 속샛과의 여러해살이풀. 땅속줄기가 길게 가로 뻗으며, 마디에서 해마다 땅위줄기가 곧게 난다. 북반구의 난대 이북에서 한대에 이르기까지 널리 분포한다. 늑즌솔, 필두채.
- 쇠무릎 : 비름과의 여러해살이풀. 열매는 포과(胞果)로 겉에 가시가

---

* '쇠파리'의 평안도 방언.

있어서 사람의 옷에 잘 붙는다. 뿌리는 임질약, 강장제, 이뇨제, 해열 제 따위로 쓰고, 줄기와 잎은 독사에 물렸을 때 해독약으로 쓴다. 한 국, 일본, 중국, 대만, 히말라야 등지에 분포한다. ≒대절채, 백배, 산 현채, 쇠무릎지기, 우슬.

● 쇠비름 : 쇠비름과의 한해살이풀. 사료나 약재로 쓰며 번식력이 뛰어 나다. 전 세계의 온대에서 열대에 걸쳐 분포한다. ≒마치현, 오행초, 장명채.

식물 명칭에 붙은 '쇠'는 '잎이 뻣뻣함'이라는 뜻이다. 그러니 '쇠' 가 들어간 식물은 식용보다는 약재로 쓰는 경우가 많다. 약재로 쓸 때는 끓이거나 고아서 사용하니까 질겨도 괜찮다. 동사 '쇠다' 역시 그런 뜻을 가지고 있다.

● 쇠다 : 채소가 너무 자라서 줄기나 잎이 뻣뻣하고 억세게 되다.

예) 나물이 쇠다.

정井

68

한자가 상형문자, 즉 물건 모양을 본떠 만든 글자라는 사실을 모르는 사람은 없다. 그러나 오늘날 사용하는 한자 가운데 80% 이상은 상형문자가 아니라 형성(形聲)이니 회의(會意)니 하는 방식으로 만든 '뜻+소리' 글자이고, 심지어 순수하게 소리글자로 쓰는 경우도 있다. 대표적인 소리글자가 중국에 가면 어디서나 볼 수 있는 '卡'다. 이 글자의 한자 음은 본래 '잡(卡, 관문 잡)'인데, 오늘날 중국에서는 라틴어 'ka'의 음역어로 쓴다. 그래서 신용카드나 전화카드, 교통카드 등을 '卡'라고 한다. 중국 거리에서 쉽게 눈에 띄는 이유다. 중국어 발음 역시 '카'다.

일반적으로 상형문자는 뜻이 단조롭다. 특별한 형태를 본떠 만들었으니 다른 뜻을 갖는 데 한계가 있기 때문이다.

'정(井)' 또는 '정(丼)' 모두 우물을 가리킨다. 요즘 우물 쓰는 곳이 없어서 젊은 사람들은 잘 모르겠지만 50~60년 전만 해도 대한민국에서 우물을 널리 사용했다. 마을 공동으로 지하수를 판 후 그곳에 보호벽을 둘러쌓고, 가운데에 줄에 매단 두레박을 내려뜨려 물을 퍼올리는 것. 그러니까 글자 '井'의 가운데는 물이 있는 우물을, 사각형은 우물을 감싼 벽을 나타낸다. '丼' 역시 마찬가지 글자인데, 예전에는 이 글자를 썼지만 오늘날에는 일본에서만 쓴다. 가운데 점은 두레박이다.

춘향의 어머니 월매가 미래의 사위 이몽룡의 과거 급제를 기원하면서 떠 놓은 물이 '정화수(井華水)'다. 정화수는 "이른 새벽에 길은 우물물"로, "조왕에게 가족들의 평안을 빌면서 정성을 들이거나 약을 달이는 데 쓴다." 또 석유가 고인 우물이 '유정(油井)'이다.

고사성어에도 이 글자가 들어가는 것이 더러 있는데 그중 '정저지와(井底之蛙)'(우물 안 개구리)가 대표적이다.

한편 '정(井)'은 우물 외에 역사적으로 매우 중요한 의미로 사용되기도 하는데, 바로 토지제도에서다.

이 글자를 가운데 놓고, 바깥쪽에 테두리를 두르면 사각형이 아홉 개 나타난다. '囲'(에워쌀 위)처럼 말이다. 이렇게 나타난 아홉 개 땅 중 상하좌우 주변에 여덟 가구를 배치하고, 가운데 한 곳은 여덟 가구가 공동으로 경작하게 한다. 그런 후 여덟 가구가 공동 경작하는 땅에서 수확한 물량은 세금으로 바치게 하는 토지 제도가 고대 중국에 있었다.

● 정전법(井田法) : 고대 중국의 하나라·은나라·주나라에서 실시한 토지제도. 주나라에서는 사방 1리(里)의 농지를 '井' 자 모양으로 100무(畝)씩 9등분 한 다음, 그 중앙의 한 구역을 공전(公田)이라고 하고, 둘레의 여덟 구역을 사전(私田)이라고 하여 여덟 농가에게 맡기고 여덟 집에서 공동으로 공전을 부치어 그 수확을 나라에 바치게 하였다.

오늘날 사람들 대부분이 들으면 고개를 절레절레 흔들 내용으로, 일종의 공산주의식 토지제도인 셈이다. 모두 같은 넓이를 소유하고, 세금 역시 공동으로 내는 제도. 그런데 중국 역사에 따르면, 이런 제도를 시행한 하나라·은나라·주나라 시대를 이른바 대표적인 태평

성대(太平聖代, 어진 임금이 잘 다스리어 태평한 세상이나 시대)로 여긴다. 그러니 중국은 타고난 사회주의 국가일지 모른다.

그런데 이 제도를 19세기에 한반도에서 구현하고자 한 인물이 나타났으니, 그가 바로 실학자로 유명한 다산 정약용이다. 정약용은 조선 후기의 문란한 토지제도를 개혁하고자 여전론(閭田論)과 정전론(井田論)을 주장했다. 여전론과 정전론의 핵심은, 농민 외에는 토지 보유를 허락하지 않고, 세금은 농민들이 공동으로 경작한 땅의 수확물로 납부한다는 것으로, 그러나 고대 중국의 정전제처럼 완전한 평등이 아니라 농사를 이익을 거두는 산업으로 육성한다는 내용이었다. 물론 시행되지는 않았다.

'정(井)'이 들어가는 표현은 또 있다.

● 정연(井然)하다 : 짜임새와 조리가 있다.

'논리가 정연하다'라는 표현을 자주 쓰는데, 이때 '정연하다'는 "짜임새와 조리가 있다"라는 뜻이다. 한자를 보면 '井然'(우물 정, 그러할 연)인데, 아무리 봐도 '짜임새와 조리'와는 관련이 없다. 즉, 이 표현은 '井' 자처럼 사방이 탄탄하게 짜인 모습에서 유래한 것이 분명하다. '정정(井井)하다'도 같은 뜻으로 쓴다.

"펀둥펀둥 놀면서 방탕한 생활을 하며 시중에 떠돌아다니는 점잖지 못한 무리"를 가리켜 '시정잡배(市井雜輩)'라고 부른다. 이때 '시정(市井)'은 '저잣거리 우물'이다. 즉, 오래전부터 사람들이 많이 모이던 곳에서 떠돌아다니는 잡스러운 무리를 시정잡배라고 부른 셈이다.

한편 지붕의 안쪽을 가리켜 '천정(天井)'이라고 부르기도 하는데,

이는 틀린 표현으로 '천장'이 맞다. 예전에는 천장과 천정 모두 표준어였으나, 표준어 사정 원칙에 따라 자주 쓰는 천장을 표준어로 삼기로 했기 때문이다.

그렇다고 천정을 무시할 수는 없는데, 사자성어 '천정부지(天井不知)'(천장을 알지 못한다는 뜻으로, 물가 따위가 한없이 오르기만 함을 비유적으로 이르는 말)가 표준어로 남아 있기 때문이다. 다시 말하면, '천장부지'라는 표현은 없다는 말이다.

괘

요즘에는 거의 안 쓰는 학습용 도구 가운데 '괘도'라는 것이 있다.

- 괘도(掛圖) : 벽에 걸어 놓고 보는 학습용 그림이나 지도. ≒걸그림.

학습에 필요한 그림이나 지도를 참고할 때 요즘은 영상을 볼 수 있는 매체를 사용한다. 그 매체에 동영상이나 PPT, 전자 자료 등을 띄워 놓고 수업을 하면 다양한 편집도 가능하고 소리도 이용할 수 있으니 매우 효과적이다.

그러나 과거에는 괘도라는 것을 이용했다.

'괘도(掛圖, 걸 괘, 그림 도)'는 학습에 필요한 그림이나 지도, 글 등을 종이에 적은 다음 한 장 또는 여러 장을 묶은 후 넘겨 가면서 수업을 하는 보조 도구였다.

그런데 괘도에 쓰는 '괘(掛, 걸 괘)'는 매우 드물게 쓰는 글자다. '괘'가 들어가는 단어 자체도 몇 개 안 될 뿐 아니라 자주 쓰는 단어는 더욱 드물다. 그래서 '괘도'도 '궤도'로 잘못 쓰는 경우가 흔했다.

- 궤도(軌道) :
  ① 수레가 지나간 바큇자국이 난 길. ≒궤로.
  ② 일이 발전하는 본격적인 방향과 단계.

↑ 국민학교 1학년을 위한 표준 괘도. 표준교육교재편찬위원회에서 편찬하여
1983년 1월 18일 대한교육도서출판사에서 발행했다.

예) 사업이 정상 궤도에 올랐다.

③ 기차나 전차의 바퀴가 굴러가도록 레일을 깔아 놓은 길. =선로.

예) 기차가 궤도를 이탈하는 사고가 났다.

④ 행성, 혜성, 인공위성 따위가 중력의 영향을 받아 다른 천체의 둘
레를 돌면서 그리는 곡선의 길.

예) 태양의 바깥 궤도를 도는 행성.

'궤도(軌道, 굴대 궤, 길 도)'는 바퀴가 일정하게 굴러가는 굴대가 놓
인 길을 뜻한다. 따라서 그 위에 오르기가 어려울 뿐, 한 번 오르면
그다음부터는 일정한 길을 쉽게 굴러갈 수 있다. 그래서 사전에서

보듯 다양한 뜻을 갖게 된 것이다.

여하튼 '괘도'와 '궤도'는 전혀 다른 단어다. 그런데도 자주 헷갈렸던 것이다.

다음에는 드물지만 '괘'가 들어가는 고유어 표현과 한자어 표현을 살펴보자. 우선 고유어 표현이다.

- 괘씸하다 : 남에게 예절이나 신의에 어긋난 짓을 당하여 분하고 밉살스럽다.

현대에 들어와 이 표현으로부터 새롭게 탄생한 단어가 '괘씸죄'이다.

- 괘씸죄(괘씸罪) : 아랫사람이 윗사람이나 권력자의 의도에 거슬리거나 눈 밖에 나는 행동을 하여 받는 미움.

이 외에 살려 쓰면 좋을 고유어 표현도 몇 개 있다.

- 괘괘이떼다 : 단호히 거절하다.
  준말) 괘괘떼다.

'괘괘이떼다'를 보면 '괘괘이'라는 단어도 있을 성싶은데, 없다. '괘괘'도 없다. 그러니 '괘괘이떼다'라는 멋진 표현은 독립적인 단어다.

- 괘꽝스럽다 : 말이나 행동이 엉뚱하고 괴이한 데가 있다.

● 괘다리적다 :

　① 사람됨이 멋없고 거칠다.

　② 성미가 무뚝뚝하고 퉁명스럽다.

　　예) 원래 성격이 괘다리적어서 친하기는 어렵지만 알고 보면 좋은

　　사람이다.

이 단어들 역시 독립적인 단어인데, '괘다리적다'는 '괘달머리적
다'라는 속어와 뜻이 같다.

● 괘사스럽다 : 변덕스럽게 익살을 부리며 엇가는 듯한 태도가 있다.

　예) 관객들은 이 괘사스러운 연극에 배를 움켜잡고 웃어 댔다.

'괘사스럽다'는 '괘사'(변덕스럽게 익살을 부리며 엇가는 말이나 짓)에
서 나온 형용사다.

마지막으로 '괘장'이라는 단어가 있다.

● 괘장 : 처음에는 할 듯하다가 갑자기 딴전을 부리고 하지 않음.

이 단어 관용구로 '괘장을 부치다'가 있다. "한번 찬성한 일을 갑
자기 반대하여 일을 안 되게 하다"라는 뜻을 갖는다.

다음에는 한자어 표현인데, 대부분 한자 '괘(掛)'의 뜻인 '걸다'라
는 뜻을 품고 있다.

● 괘불(掛佛) : 그림으로 걸어 놓은 부처의 모습.

● 괘종시계(掛鐘時計) : 시간마다 종이 울리는 시계. 보통 추가 있으며

벽에 걸어 둔다.

● 괘념(掛念) : 마음에 두고 걱정하거나 잊지 않음.

'괘념'의 한자 뜻을 보면 '마음을 걸어 둠'이니 그럴듯한 한자어인 셈이다. 이와 비슷한 단어가 '괘의(掛意)'이다. 이 단어 역시 '뜻을 걸어 둠'이니, 마음을 걸어 두는 것과 별반 다르지 않을 것은 당연하다.

앞서 살펴본 고유어 '괘씸' 역시 '괘심(掛心)'이 변해서 된 표현이라는 주장도 있는데, 학술적 근거가 있는 것은 아니니 언어적 상상력에만 추가하기 바란다.

줌

70

'한 줌도 안 되는' 같은 표현을 모르는 사람은 없을 것이다. 그렇다면 이때 '줌'은 무엇을 뜻할까?

- 줌 :

  ① 주먹의 준말.

    예) 줌을 휘두르다.

  ② (수량을 나타내는 말 뒤에 쓰여) 주먹의 준말.

    예) 한 줌의 흙.

그러니까 줌은 어떻게 쓰이건 주먹의 준말인 셈이다.

이 외에도 줌에는 여러 가지 뜻이 있다.

- 줌 :

  ① 「명사」 활의 한가운데 손으로 쥐는 부분. =줌통.

  ② 「의존 명사」 논밭 넓이의 단위. 세금을 계산할 때 썼다. 한 줌은 한 뭇의 10분의 1로, 그 넓이는 시대에 따라 달랐다.

  ③ 「명사」 zoom. 초점 거리나 화상의 크기를 급격히 변화시키는 기능. 또는 그런 촬영 기법.

세 가지 뜻 가운데 생활에서 조금이라도 쓰는 표현은 세 번째 영어 'zoom'이다. 다른 뜻의 줌은 잘 쓰지 않는 것들이다.

그런데 우리 민족이 누구인가? 활 잘 쏘는 동이족 아니던가! 그 유전자가 오늘날까지 전해 내려와 국제 양궁 대회의 우승이나 상위권은 모두 우리 선수들 차지이니 말이다. 그러니 첫 번째 뜻으로 쓰인 경우를 좀 더 살펴보자.

● 줌앞줌뒤 :
  ① 화살 따위가 좌우로 빗나가는 일.
  예) 나를 보고 툭 던지는 그 돌이 … 줌앞줌뒤도 아니 가고 내 정신 모여 있는 머리 위에 떨어졌으니….(이인직,《모란봉》)
  ② 예측에 어긋나 맞지 않는 일을 비유적으로 이르는 말.

이 재미있는 표현에 따르면 줌이 '과녁 중앙'을 뜻하는 것처럼 보인다. 줌 앞과 줌 뒤를 맞혔다는 뜻 같으니까. 그러나 사실은 활의 한가운데를 제대로 잡지 못해, 화살이 의도한 곳까지 가지 못한 것을 가리킨다.

줌에서 비롯한 또 다른 뜻도 있다.

● 줌뒤가다 : 화살이 과녁의 왼쪽으로 쏠리어 나가다.

'줌뒤가다'는 화살이 과녁 뒤편에 떨어진 것이 아니라 과녁 왼쪽에 맞은 경우다. 반대말은 '줌앞가다'.

● 줌앞가다 : 화살이 과녁의 오른쪽으로 쏠리어 나가다.

그 밖에 '줌'이 들어가는 이런 말도 있다.

● 줌줌이 : 주먹에 쥘 정도의 양으로 잇따라.

  예) 그녀는 고사리를 줌줌이 꺾어 바구니에 담고 있었다.

● 줌벌다 : 한 줌으로 쥐기에 지나치다.

  예) 바구니의 강냉이가 줌벌다.

다시 한번 생각해 볼 말

가위와 부추

71

많은 분들이 '사투리'라고 알고 있는 '방언(方言)'에는 두 가지 뜻이 있다.

● 방언(方言) :

① 한 언어에서, 사용 지역 또는 사회 계층에 따라 분화된 말의 체계.

예) 방언을 조사하기 위해 현지로 답사를 떠나다.

② 어느 한 지방에서만 쓰는, 표준어가 아닌 말. =사투리.

하나는 우리가 알고 있듯이 '사투리'라는 뜻이고, 다른 하나는 '지역이나 계층에 따라 나뉜 다른 말'이다. 그렇다고 해도 많은 사람들은 방언을 곧 사투리라고 여기는데, 크게 틀린 말은 아닐 것이다.

그런데 방언과 관련해서 우리가 오해하는 중요한 사실이 하나 있다.

"대부분의 지역에서 사용하는 것이 표준어이고, 특정 지역에서만 사용하는 것이 방언 아닌가요?"

결론을 말하자면 그렇지 않다. 이 질문이 왜 오해인지는 '표준어'의 뜻을 살펴보면 알 수 있다.

● 표준어(標準語) : 전 국민이 공통적으로 쓸 수 있는 자격을 부여받은

단어. 우리나라에서는 교양 있는 사람들이 두루 쓰는 현대 서울말로
정함을 원칙으로 한다.

우리나라 표준어는 '교양 있는 현대 서울말'이다. 그러니 전 국민
이 다 쓴다고 해도 교양 있는 서울 사람이 쓰지 않으면 표준어가 아
니라 방언, 즉 사투리인 셈이다. 대표적인 단어가 가위다.

● 가위 : 옷감, 종이, 머리털 따위를 자르는 기구. 날이 있는 두 개의 쇠
를 교차시켜 가운데 사북을 박고, 지레의 원리를 이용하여 다리를 벌
렸다 오므렸다 하여 자른다.

〈'가위'의 방언 지도〉(302쪽)를 보면 알 수 있듯이 '가위'라는 표준
어는 경기도 일부, 그리고 강원도와 충청도 일부에서만 사용된다.
반면에 '가새'는 전국에 두루 걸쳐 안 통하는 지역이 거의 없다. 수도
권부터 제주도에 이르기까지 '가새'라고 하면 대부분의 사람들이 알
아듣는다.

이 그림에서 알 수 있듯이 가위의 경우 까위, 가우, 가이, 가왜, 가
새, 까새, 가시개, 깎개 등 발음이 비슷한 형태의 방언이 사용되는
데, 지역별로 사용하는 분명한 표현이 따로 있는 경우도 있다. 대표
적인 것이 채소의 일종인 부추다.

'부추'는 고추나 후추와 같이 약간 자극적인 맛이 있는 채소를 가
리키는 '-추'(한자 '초'가 변한 형태)가 붙은 단어로, 표준어이다.

그런데 〈'부추'의 방언 지도〉(303쪽)를 보면 알 수 있듯이 호남 지
방에서는 대부분 '솔'을 쓰고, 영남 지방과 충북에서는 '정구지'가 일
반적이다. 충남 지방에서는 '졸'을 쓰며, 제주도에서는 특이하게 '세

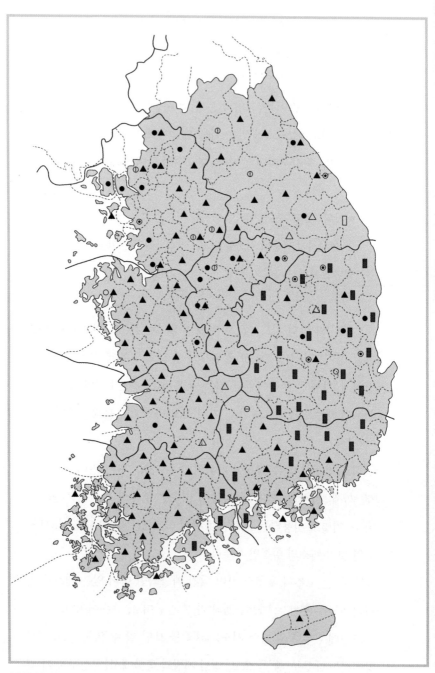

↑ '가위'의 방언 지도.

● 가위 | ○ 까위 | ① 가우 | ⊖ 가이 | ◉ 가왜(웨) | ▲ 가새 | △ 까새 | ▮ 가시개 | ▯ 깎개

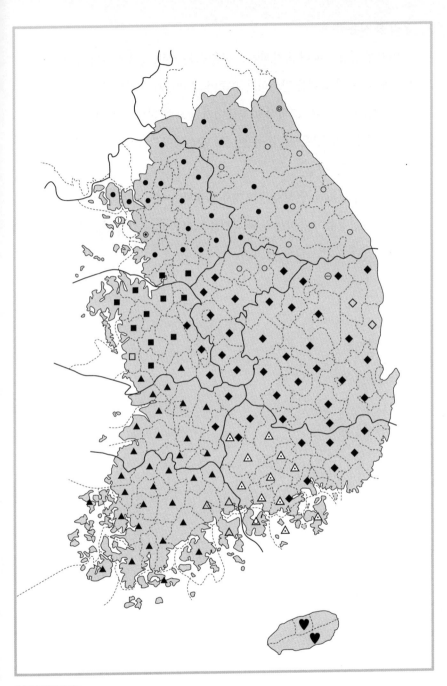

↑ '부추'의 방언 지도.

●부추 | ○분추 | ⊕부초 | ⊖분초 | ◉푸추 | ◎뿐추 | ▲솔 | △소불 | ⬙소풀 | ■졸 | ▢줄 | ◆정구지 | ◇정고지 | ♥세우리

우리'를 사용한다.

　이렇게 지방에 따라 독자적인 표현을 쓰는 경우, 중앙정부의 강제력으로 한 가지 표현을 강요하는 표준어 정책이 과연 바람직한가 하는 문제를 야기한다. 그렇다고 표준어가 필요치 않은 것은 아니다. 표준어가 없으면 같은 지역, 같은 나라 안에서도 의사소통에 어려움을 겪을 테니 말이다.

　그러나 부추처럼 각 지방을 대표하며 생활 속에서도 자주 쓰는 표현의 경우 공용을 허용하는 등의 정책을 고려해 보는 것이 어떨까.

진간장, 양조간장, 조선간장

72

'진간장'을 상표로 아는 분도 계실지 모르지만, 진간장은 고유명사
가 아니라 '보통명사'다.

- 진간장(津간醬) :

  ① 오래 묵어서 아주 진하게 된 간장. ≒농장, 진감장, 진장.

  ② 기름을 뺀 콩을 쪄서 볶은 밀가루와 섞고, 곰팡이 씨를 뿌려 메주
  를 띄운 후, 소금물을 부어 6개월가량 발효시켜 짜낸 간장. ≒진감
  장, 진장.

'진간장' 설명에는 알아 두어야 할 몇 가지 사실이 있다. 우선 '간
장'은 한자어가 아니라 '간+장(醬)'으로 된 단어라는 것이다.

- 간 :

  ① 음식물에 짠맛을 내는 물질. 소금, 간장, 된장 따위를 통틀어 이
  른다.

  예) 간을 넣다. / 미역국은 조선간장으로 간을 해야 한다.

  ② 음식물의 짠 정도. ≒염담.

  예) 간을 보다. / 간이 맞다.

● 장(醬) :

① 음식의 간을 맞추는 데 쓰는 짠맛이 나는 흑갈색 액체. 메주를 소금물에 30~40일 정도 담가 우려낸 뒤 그 국물을 떠내어 솥에 붓고 달여서 만든다. =간장.

예) 국이 싱거우니 장을 좀 더 넣어야 하겠다.

② 간장, 고추장, 된장 따위를 통틀어 이르는 말.

예) 장을 담그다.

● 간장(간醬) : 음식의 간을 맞추는 데 쓰는 짠맛이 나는 흑갈색 액체. 메주를 소금물에 30~40일 정도 담가 우려낸 뒤 그 국물을 떠내어 솥에 붓고 달여서 만든다. ≒장, 장유.

'간'은 고유어, '장(醬)'은 한자인데, 두 글자가 합친 '간장'은 '장(醬)'과 같은 뜻이기도 하다. 고유어 '간' 역시 '간장'을 뜻하기도 한다고 사전에 나와 있다. 그러니 '간=간장=장'으로 써도 크게 문제가 없다는 말이다.

다음으로 '진간장'은 '진(眞)+간장'이 아니라, '진(津)+간장'이라는 사실이다.

'진(眞, 참 진)+간장'이라고 쓰면 '진짜 간장'이라는 뜻이 되고, '진(津, 진액 진)+간장'이라고 쓰면 '진액과 같은 간장'이라는 뜻이다. 얼핏 비슷해 보이지만 전혀 다른 뜻이 되는 셈이다.

오늘날 우리가 부엌에서 사용하는 '진간장'은 '진(津)+간장'이다. 그래서 그런지 시중에서 판매하는 '진간장' 가운데 '진(眞)간장'이라고 한자를 쓴 상품을 찾아보기 어렵다. '진(津)간장'을 '진짜 간장'이라고 표기하면 안 된다는 규정 때문이 아닐까, 추정해 본다.

사전을 보면, 오래 묵은 간장 또는 6개월가량 발효해 만든 간장을 진간장이라고 하는데, 오늘날 시장에 나가 보면 간장 가운데 진간장은 값이 가장 싸다. 그러니 아무리 생각해 봐도, 오래 묵어 진하게 된 간장도 아니고 6개월가량 발효시킨 간장도 아닐 듯하다.

진실은 무엇일까? 진실을 알기 위해서는 우선 간장의 종류부터 알아야 한다.

- 양조간장(釀造간醬) : 메주를 발효시켜 얻은 간장. 메주를 소금물에 담가서 발효시켜 맛을 들인 다음 된장과 간장을 분리한 후 간장만 달여서 만든다.
- 화학간장(化學간醬) : 기름을 뺀 콩을 염산으로 분해하여 만든 간장.
- 혼합간장(混合간醬) : 개량간장을 소금물로 희석한 다음, 화학간장을 섞고 색소를 첨가한 간장.
- 개량간장(改良간醬) : 재래식 간장과는 달리 된장을 쓰지 아니하고 만든 진간장.
- 메주 : 콩을 삶아서 찧은 다음, 덩이를 지어서 띄워 말린 것. 간장, 된장, 고추장 따위를 담그는 원료로 쓴다.

사전을 보면 우리가 전통적으로 담가 먹었던 방식, 즉 메주를 발효시켜 얻은 간장은 '양조간장'이다. 그러나 사전의 이 내용은 수정되어야 한다. 오늘날 시중에서 '양조간장'이라는 명칭으로 파는 상품 대부분은 '메주를 발효시켜 얻은 간장'이 아니라, '기름을 뺀 콩과 밀가루로 만든 것'이기 때문이다.

그래도 이 방식으로 간장을 담그면 비용이 올라가는데, 양조(釀造)하는 데 오랜 시간이 걸리기 때문이다. 그래서 만든 것이 '화학간장'이다. 양조하는 데 필요한 시간과 방식 대신 화학적으로 간편하게 처리한 셈이다. 화학간장의 제조 기간은 2~3일 정도로 무척 짧다.

'혼합간장'은 화학간장에 양조간장을 일정 비율로 섞어서 만든 제품인데, 화학간장 대 양조간장 비율은 상표마다 제각각이다. 왜 그럴까? 식품법에 따르면, 양조간장이 조금만 들어가도 혼합간장으로 표기할 수 있다.

한편 화학간장은 건강에 썩 좋지 않다고 알려져 있다. 그래서 소비자들은 화학간장을 구매하기 꺼린다. 당연히 간장 제조업자들은 화학간장이라는 명칭을 피하고자 한다. 그래서 약간의 양조간장을 첨가한 후 혼합간장이라고 표기하는 것이다.

시중에서 판매하는 진간장은 대부분 혼합간장이다. 이때 양조간장 비율이 높을수록 질이 좋을 텐데, 그 비율은 제품마다 다르다. 실제로 찾아보면 상표에 따라 그 비율이 놀랄 만큼 차이가 남을 알 수 있다. 이런 사실을 알아 보다 보면 떠오르는 속담이 "싼 게 비지떡"이다.

그렇다면 진짜 양조간장, 즉 기름을 빼지 않은 콩으로 만든 메주를 발효시켜 만든 간장은 없을까? 있다.

- 조선간장(朝鮮간醬) : 우리나라에서 전통적인 방법으로 만든 간장. 흔히 우리의 재래식 간장을, 공장에서 대량으로 만든 일본식 간장에 상대하여 이르는 말.

그러니까 앞서 살펴본 양조간장과 진간장 등은 모두 공장에서 대량으로 만든 일본식 간장, 즉 '왜(倭)간장'이었던 셈이다. 반면에 우리 겨레가 사용하던 간장은 '조선간장'이다.

다른 나라 간장이 일반적인 간장이 되고, 우리 간장에는 '조선'이라는 명칭을 붙여야 하는 게 오늘날 현실이다.

다시 진(津)간장으로 돌아가 보자.

'진간장'에 쓰는 한자가 '진(眞)'이 아니라 '진(津)'임을 살펴보았다.

- 진(津)- : '매우 진한'의 뜻을 더하는 접두사.

사전을 보면 '진(津)'도 그리 나쁜 뜻은 아닌 듯하다. 그렇다면 '진(津)'을 붙이는 표현은 또 없을까? 있다.

- 진국(津국) : 오랫동안 푹 고아서 걸쭉하게 된 국물.
- 진땀(津땀) : 몹시 애쓰거나 힘들 때 흐르는 끈끈한 땀.
- 진보라(津보라) : 진한 보라.

오랫동안 푹 고아 낸 진한 국물이 '진짜 국물'인 '진국(眞국)'인 줄 알았는데, 아니었다. 그렇다면 '진짜'는 없을까? 역시 있다.

- 진국(眞국) : 국이나 간장, 술 따위에 물을 타지 아니한 진한 국물. = 전국.

'진국(眞국)'에는 또 다른 뜻도 있다.

- 진국(眞국) : 거짓이 없이 참된 것. 또는 그런 사람.
  예) 이 사람은 진국이야.

'진(眞)' 역시 접두사로 자주 쓴다.

● 진(眞)- : 참된' 또는 '진짜'의 뜻을 더하는 접두사.

예) 진면목(眞面目). / 진범(眞犯).

● 진짜(眞짜) :

① 「명사」 본뜨거나 거짓으로 만들어 낸 것이 아닌 참된 것.

② 「부사」 꾸밈이나 거짓이 없이 참으로. =진짜로.

달걀이냐, 계란이냐

73

방송을 듣다 보면 귀에 거슬리는 표현이 자주 나온다. 그 가운데서도 가장 자주 듣는 게 '계란'이다.

"계란이 어때서요? 닭이 낳은 알을 계란이라고 하는 건 당연하잖아요?"

맞다. 계란은 한자로 '鷄卵'(닭 계, 알 란)이니까, 닭이 낳은 알을 가리킨다. 그래서 사전에도 나온다.

- 계란(鷄卵) : 닭이 낳은 알. 알껍데기, 노른자, 흰자 따위로 이루어져 있다.

그런데도 귀에 거슬리는 이유가 있다.

- 달걀 : 닭이 낳은 알. 알껍데기, 노른자, 흰자 따위로 이루어져 있다. ≒계단, 계란, 계자.

보면 알 수 있듯 '계란'과 '달걀'은 완전히 똑같은 단어다. 그러니 앞으로는 순우리말인 달걀을 쓰는 게 어떨까!

'달걀'은 금세 알 수 있듯 어원이 '닭+알'이다. 조금 전문적으로 살펴보면 이렇다.

닭+-이+앓 → 돌기앓 → 돌긔앓 → 달긔알 → 달기알 → 달걀*

한마디로 '닭의 알'이 변해서 '달걀'이 된 것이다.

달걀은 동물성 단백질이 귀하던 시절, 요긴한 단백질 공급원이었다. 그래서 20세기 후반까지 귀한 음식이었다. 그래서 그런지 달걀에 관한 속담은 많다.

- 달걀로 바위 치기 : 대항해도 도저히 이길 수 없는 경우를 비유적으로 이르는 말. =이란투석(以卵投石).
- 달걀 보고 새벽 알리기를 바란다 : 성미가 무척 급하다는 뜻으로 빗대는 말.(정종진,《한국의 속담 대사전》)
- 달걀에도 뼈가 있다 : 늘 일이 잘 안되던 사람이 모처럼 좋은 기회를 만났건만, 그 일마저 역시 잘 안됨을 이르는 말. =계란유골(鷄卵有骨).
- 곤달걀 지고 성 밑으로 못 가겠다 : 이미 다 썩은 달걀을 지고 성 밑으로 가면서도 성벽이 무너져 달걀이 깨질까 두려워 못 간다는 뜻으로, 무슨 일을 지나치게 두려워하며 걱정함을 비유적으로 이르는 말.

이왕 나온 김에 '알'을 가리키는 한자 '란(卵)'에 대해서도 살펴보자.

'란(卵)'이라는 한자는 생활 속에 자주 등장한다. 앞서 살펴본 것처럼 '계란유골(鷄卵有骨)'이나 '이란투석(以卵投石)' 같은 사자성어는 물론이고, 그 외에도 정말 많이 쓴다.

---

* 국립국어원 '우리말샘'.

● 산란(産卵) : 알을 낳음.

예) 산란 시기. / 수산 동물은 종류에 따라 먹이, 산란 등을 위한 회유
시기와 범위가 다르다.

● 토란(土卵) : 천남성과의 여러해살이풀. 높이는 80~120cm이며, 잎
은 두껍고 넓은 방패 모양이다. 뿌리줄기는 잎자루와 함께 식용한다.

토란으로 끓인 토란국은 추석날 자주 먹는 음식이다. 토란을 왜
'토란', 즉 '흙에서 나는 알'이라고 부르는지는 상상할 수 있다. 토란
은 구근식물(球根植物, 알뿌리가 있는 식물을 통틀어 이르는 말)로, 토란의
알뿌리 생김새가 꼭 작은 달걀 같기 때문일 것이다. 그런데 '알토란
같다'는 말이 "내용이 충실하거나 옹골차고 실속이 있다"는 뜻인 걸
보면, 영양분이 충분해서가 아닐까 싶기도 하다.

● 탁란(托卵) : 어떤 새가 다른 종류의 새의 집에 알을 낳아 대신 품어 기
르도록 하는 일.

〈동물의 왕국〉 같은 동물 다큐멘터리를 보면 '탁란(托卵, 맡길 탁, 알
란)'하는 모습을 볼 수 있는데, 보면 볼수록 괘씸하다. 남의 둥지에
자기 알을 낳고 가는 뻐꾸기를 보면 정말 얄밉다. 게다가 탁란한 알
은 본래 둥지에 있던 알보다 일찍 부화한다. 그렇게 깨어난 후 다른
알을 둥지 밖으로 밀어내 없애는 모습에서는 기가 막힐 따름이다.
그러나 그런 탁란 역시 자연의 질서니 받아들일 수밖에 없다.

위에서 살펴본 '란(卵)'은 모두 '알'이라는 뜻으로 쓰였다. 그런데
포유류인 사람에게도 '란(卵)'과 관련된 기관이 있다.

● 난자(卵子) : 암컷의 생식세포. 유성생식을 하는 생물에서 볼 수 있는 것으로 감수분열에 의하여 생기며, 수정 후 발달하여 배(胚)를 형성한다. ≒난, 난구, 난세포, 난자, 알세포.

● 난소(卵巢) : 여성 골반 안 양쪽 옆벽에 위치한 납작한 타원형 기관. 난자로 성숙할 많은 난모세포를 포함하고 있고, 여성의 특징을 나타내는 호르몬을 분비한다.

● 배란(排卵) : 성숙한 난자가 난소에서 배출되는 일. 사람의 경우 보통 4주간을 주기로 일어난다.

정자와 난자가 만나 생명을 잉태하는 것을 모르는 사람은 별로 없을 것이다. 그런데 '난자(卵子)'는 분명 '알 란, 자식 자'가 아닌가 말이다. 왜 사람의 생명을 낳는 근원에 '알'이라는 의미를 넣었을까. 한자를 만든 옛사람들은 "모든 생명은 알에서 나오지 않을까?" 해서 그렇게 썼을지 모른다.

그런데 최근 연구 결과를 보면 알을 낳는 동물이나 새끼를 낳는 동물이나 출발점이 되는 배(胚)는 같은 모양이라고 한다. 그러니 옛사람들이 생명의 비밀을 먼저 알았던 것은 아닐까? 마치 신라 시조 박혁거세가 알에서 나왔다는 신화처럼.

'란(卵)'이 들어가는 표현은 그 외에도 몇 개 있는데, '수란(水卵)'(달걀을 깨뜨려 수란짜에 담고 끓는 물에 넣어 흰자만 익힌 음식), '어란(魚卵)'(소금을 쳐서 절이거나 말린 물고기 알), '명란(明卵)'(명태 알을 소금에 절여 담근 젓. = 명란젓) 등이 그것이다.

명란젓과 함께 사람들이 즐기는 창난젓은 '명태의 창자로 만든 젓갈'이다. '란'을 왜 붙였는지 잘 모르겠지만, 창난젓 역시 명란젓처럼 생선 알로 만들었다고 오해하기 쉬운데 아니다.

노가다, 건깡깡이, 날탕

74

우리말 속에 녹아든 일본어는 꽤 많다. 국경을 맞댄 나라들, 공동의 문화를 나누는 나라들, 같은 문자를 사용하는 나라들은 언어적 교류를 하는 것이 일반적이다. 따라서 우리가 일본의 침략을 받지 않았다면, 몇몇 일본어를 사용하는 데 크게 반감을 갖지 않을지도 모른다.

그러나 일본은 우리나라를 강제 점령했을 뿐 아니라 온갖 악행을 저질렀는데, 그러한 행동에 대한 진심 어린 사죄나 반성도 하지 않는다. 그러니 우리말 속에 남은 일본어에 극도의 반감을 갖는 것이 당연할 것이다.

그런데도 아직 많은 일본어가 남아 있는 게 사실이다. 그 가운데 대표적인 것이 '노가다'이다. '노가다'라는 표현이 끈질기게 살아남은 것은 그 단어를 사용하는 사회 계층이 취약 계층인 것도 한몫했을지 모른다. 어차피 저속한 일본어로 칭해도 크게 반발하지 못할뿐더러, 그에 속한 이들 역시 자신의 신분을 당당히 밝히기 어려운 점 등이 두루 작용한 게 아닐까 싶다.

'노가다'는 일본어 'どかた(土方)'에서 온 것이다. 'どかた'를 소리 나는 대로 적으면 '도가다'에 가까운데 '도'가 유성음이라서 '노가다'로 변했을 것이다. 한편 이 단어는 속된 표현임에도 《표준국어대사전》에 등재되어 있다. 그만큼 이 단어가 널리 쓰인다는 뜻이다.

- 노가다(←dokata[土方]) :

  ① 행동과 성질이 거칠고 불량한 사람을 속되게 이르는 말.

  ② → 막일.

  ③ → 막일꾼.

본래 '막일 또는 막일꾼'을 뜻하는 '노가다'의 뜻이 확대되어 "행동과 성질이 거칠고 불량한 사람을 속되게 이르는 말"이 된 셈인데, 앞서 살펴본 것처럼 '노가다'라는 표현이 살아남은 까닭이 이런 뉘앙스 때문일지 모른다.

그렇지만 일본어 'どかた(土方)'는 단순히 '토목공사에 종사하는 노동자'를 뜻할 뿐이다. 그래서 'どかた'의 한자 표기가 '토방(土方, 흙토, 방향 방)'일 것이다. '흙과 관련된 일'.

그렇다면 노가다 대신 우리는 어떤 표현을 써야 할까.

- 막일 : 이것저것 가리지 아니하고 닥치는 대로 하는 노동.
- 막노동 : 이것저것 가리지 아니하고 닥치는 대로 하는 노동.

두 가지 단어 모두 같은 뜻이니, 어떤 것을 써도 괜찮다. 그런데 이 표현이 너무 '막된' 느낌이 든다면 다음 표현도 좋겠다.

- 건깡깡이 :

  ① 아무 기술이나 기구 따위가 없이 맨손으로 하는 일. 또는 그렇게 하는 사람.

  ② 아무 목표나 별다른 재주도 없이 건성건성으로 살아감. 또는 그런 사람.

'노가다'는 건설 현장에서 특별한 기술이나 전문적 도구 없이 이런저런 일을 하는 초보적인 일꾼을 가리킨다. 그러니 '건깡깡이'라는 표현이 꽤나 어울릴 듯하다. 어떤 표현도 그리 긍정적인 느낌을 주지는 않는다. 하기야 아무 기술 없이 맨손이나 맨몸으로 일하는 사람을 정당하게 대접하는 표현이 없었을 테니까, 어쩌면 당연할 것이다.

한편 사전에는 건깡깡이와 비슷한말로 '날탕'을 들고 있다.

> ● 날탕 :
> ① 아무것도 가진 것이 없음. 또는 그런 사람.
> ② 어떤 일을 하는 데 아무런 기술이나 기구 없이 마구잡이로 함. 또는 그렇게 하는 사람. ≒건깡깡이.
> 예) 기술자인 줄 알고 일을 맡겼는데 알고 보니 그 사람 순 날탕이야.
> ③ 허풍을 치거나 듣기 좋은 말로 남을 속임. 또는 그렇게 하는 사람.
> ④ 무엇을 함부로 써서 없애거나 마구 두들겨 부숨. 또는 그렇게 하는 사람.
> 예) 아주 그거 날탕이지 말할 것 없어요. 만년필인가 무언가도 성한 게 있건만 또 하나 새로 사고 … 사 원을 줬다던가.(박태원,《낙조》)

날탕은 건깡깡이와는 뉘앙스가 다르다. 생활 속에서 사용할 때도 '날탕'은 '성실한 일꾼'이라는 느낌보다는 '불성실하고 건성으로 일하는 사람'이라는 느낌이 강하다. 직분(職分)보다는 품성을 나타내는 표현인 셈이다.

한편 이런 일로 살아가는 사람들을 가리키는 표현도 여러 가지다.

- 날일꾼 : 일정한 직업이 없이 막일로 벌이를 하는 사람.
- 막품팔이 : 막일을 하는 품팔이.
- 삯벌이꾼 : 삯을 받고 막일을 하며 먹고사는 사람.

'삯팔이꾼'도 같은 뜻이다. 또 '삯벌이'와 '삯팔이'는 "삯을 받고 막일을 하여 주는 일"을 가리킨다.

- 상일꾼(常일꾼) : 별로 기술이 필요하지 않은 막일을 직업으로 하는 사람.

'상일(常일)'은 "별로 기술이 필요하지 않은 막일"을 가리킨다. 한편 한자가 다른 '상일꾼(上일꾼)'은 "윗자리에 꼽아야 할 일꾼이라는 뜻으로, 한몫 단단히 할 일꾼"을 이른다.

광어와 전어

75

'국민 생선' 하면 떠오르는 것이 무엇인지는 사람마다 다를 것이다. 고등어를 드는 사람도 있을 것이고, 갈치를 꼽는 이도 있을 것이다. 회를 좋아하는 사람이라면 광어를 들지도 모른다.

그런데 산속에서 아흔이 넘도록 홀로 살아온 사람이라면 이렇게 물을지도 모른다.

"광어가 무슨 생선이지?"

맞다. 20세기 후반 무렵까지 우리나라에서 광어를 찾아보기는 쉽지 않았다. 그런데 어느 순간부터 회, 즉 날로 먹는 생선의 대명사가 되었다. 무슨 일이 있었던 걸까?

● 광어(廣魚) : 넙칫과의 바닷물고기. 몸의 길이는 60cm 정도이고 위아래로 넓적한 긴 타원형이며, 눈이 있는 왼쪽은 어두운 갈색 바탕에 눈 모양의 반점이 있고 눈이 없는 쪽은 흰색이다. 중요한 수산자원 가운데 하나로 맛이 좋다. 한국, 일본, 남중국해 등지에 분포한다. ＝넙치.

'광어(廣魚, 넓을 광, 고기 어)'는 '넓은 물고기'라는 뜻이다. 물고기 모습을 잘 표현한 셈이다. 그렇다면 '넙치'라는 생선은 무엇일까?

● 넙치 : 넙칫과의 바닷물고기. 몸의 길이는 60cm 정도이고 위아래로

넓적한 긴 타원형이며, 눈이 있는 왼쪽은 어두운 갈색 바탕에 눈 모양의 반점이 있고 눈이 없는 쪽은 흰색이다. 중요한 수산자원 가운데 하나로 맛이 좋다. 한국, 일본, 남중국해 등지에 분포한다. ≒광어, 비목어, 비파어.

알고 보니 '넙치=광어'이고, '광어=넙치'다. 광어는 한자로 '넓은 물고기'이고, 넙치는 고유어로 '넓은 생선'인 셈이다.

두 표현 가운데 물고기 모습에 어울리는 명칭은 무엇일까? "같은 값이면 다홍치마[동가홍상(同價紅裳)]"라고, 고유어 넙치가 너부데데한 물고기 모습에 더 어울리지 않을까.

우리는 고유어 '넙치'를 20세기 중후반까지 주로 썼다. 그런데 넙치를 양식해서 횟감으로 즐겨 먹기 시작하면서 '넙치'는 사라지고 '광어'가 등장한 듯하다.

광어(廣魚)라는 표현이 없었던 건 아니다. 《조선왕조실록》을 보아도 '광어'가 등장한다.

전지하기를,

"진헌할 은구어(銀口魚)·연어(年魚)·문어(文魚)·광어(廣魚)·대하(大蝦)를 각도에서 철을 따라 잡아서 법대로 말려서 간을 맞게 하라."

하였다.

그러나 다음 표현들을 보면 민간에서는 '광어' 대신 '넙치'를 사용했던 게 분명하다.

● 넙치가 되도록 맞았다 : 뭇매를 실컷 맞았다는 뜻으로 빗대어 이르

는 말.

- 넙치 눈이다 : 눈이 무척 작다는 뜻으로 빗대는 말.
- 넙치가 눈은 작아도, 저 먹을 것은 다 본다 : 아무리 시원찮아 보여도 제 할 일은 다 한다는 뜻으로 빗대는 말.(이상 정종진, 《한국의 속담 대사전》)

반면에 '광어'가 들어가는 관용구나 속담은 없다.
한편 '넙치'에 나오는 '-치'는 접미사다.

- -치 : (일부 명사 또는 명사형 뒤에 붙어) '물건'의 뜻을 더하는 접미사.
  예) 날림치. / 당년치. / 중간치.

넙치 외에 꽁치, 준치, 갈치, 가물치, 멸치, 참치, 날치 등에도 '-치'가 붙어 있다.

일설에 의하면 비늘이 없는 물고기에 '-치'를 붙이고 비늘이 있으면 '-어'를 붙인다고 하는데, 근거는 없는 듯하다.

국민 생선은 될 수 없다 하더라도 '가정의 안정'에 이바지하는 생선도 있다.

"전어 굽는 냄새에 나갔던 며느리 다시 돌아온다"니, 아내를 기다리던 시어머니와 아들의 환한 모습이 눈에 들어오는 듯하다. 그만큼 전어구이가 맛있다는 뜻일 게다.

그런데 전어는 맛보다 뜻이 더 좋다. '전어(錢魚, 돈 전, 물고기 어)', 즉 '돈 생선'이라니, 돈이 최고인 현대 자본주의사회에서는 더 인기를 끌 듯하다. 전어에 '돈 전(錢)'이 들어간 까닭이 하도 맛있어서 보기만 하면 돈을 냈기 때문이라는데, 믿거나 말거나다.

사전을 찾아 보면 '전어' 항목에는 세 가지 생선이 등장한다.

1. 전어(箭魚) : 준칫과의 바닷물고기. 밴댕이와 비슷한데 몸의 길이는 50cm 정도이고 옆으로 납작하며, 등은 어두운 청색, 배는 은백색이다. 살에는 가시가 많다. 한국, 일본, 중국 등지에 분포한다. =준치.

2. 전어(鐚魚) : 청어과의 바닷물고기. 몸의 길이는 20~30cm이고 옆으로 납작하며, 등은 검푸른색, 배는 은백색이고 비늘에 짙은 갈색 무늬의 점줄이 있다. 등은 솟았고 등지느러미 끝의 여린 줄기가 특히 길다. 한국, 일본, 중국, 인도, 폴리네시아 등지에 분포한다.

3. 전어(鱣魚) : 철갑상엇과의 바닷물고기. 칼상어와 비슷한데 몸의 길이는 1.5m 정도이며, 등은 잿빛을 띤 청색이고 배는 흰색이다. 주둥이가 뾰족하게 나왔다. =철갑상어.

1번 '전어(箭魚, 화살 전, 물고기 어)'는 우리말로 준치인데, 살에 가시가 많아서 '화살 전(箭)'을 쓴 것이 아닐까 싶다.

3번 '전어(鱣魚, 잉어 전, 물고기 어)'는 철갑상어를 가리킨다. 철갑상어는 우리가 상상하는 상어와는 다른 어종으로, 이름만 상어에 가깝다.

한편 가축과는 달리 생선의 경우에는 새끼 명칭을 아는 사람이 흔치 않다. 새끼 명칭이 분명히 있고, 또 어떤 경우에는 흔한데도 말이다.

기억할 것은 생선의 명칭은 한자어가 대부분인 반면, 생선 새끼의 명칭은 대부분 고유어라는 점이다.

전어 – 전어사리   잉어 – 발강이

고등어 – 고도리   숭어 – 모쟁이, 모롱이

가오리 – 간자미   갈치 – 풀치

명태 - 노가리	농어 - 껄떼기
청어 - 굴뚝청어	방어 - 마래미

그러니까 전어 새끼를 가리키는 표현에는 보기 드물게 부모 이름이 들어가 있음을 알 수 있다. 그렇다면 전어사리에 붙은 '사리'는 무슨 뜻일까? 얼핏 보면 '새끼'라는 의미를 가진 듯한데 말이다.

● 사리 :

① 국수, 새끼, 실 따위를 둥그렇게 포개어 감은 뭉치.

② 윷놀이에서, '모'나 '윷'을 이르는 말.

③ 음력 보름과 그믐 무렵에 밀물이 가장 높은 때. =한사리.

사전을 아무리 살펴보아도 '사리'에 '새끼'라는 의미는 없다.

천재거나 인재거나

76

누구나 되고 싶지만, 우리 주위에서 쉽게 찾아볼 수 없는 게 '천재'다.

● 천재(天才) : 선천적으로 타고난, 남보다 훨씬 뛰어난 재주. 또는 그런 재능을 가진 사람.

'천재(天才, 하늘 천, 재능 재)'는 '하늘이 내린 재능'인데, 사실 천재는 매우 드물다. 그런데 오늘날 끊임없이 화젯거리를 찾아 헤매는 언론은 걸핏하면 "○○○는 천재"라는 표현을 쓴다. 운동 좀 잘하면 그가 학교 폭력범이건 돈밖에 모르는 무지한 자건 천재라고 부른다. 악기 잘 다루면 천재, 노래 잘 부르면 천재, 게임 잘하면 천재, 자전거 잘 타면 천재…. 그러니 도둑질 잘해도 천재라고 부를 태세다.

그러나 천재를 연구한 사람들은 말한다. 단순히 지능이 높은 것을 넘어 상상력과 창의력이 뛰어난 인물이야말로 천재인데, 그들 가운데 다수는 정신질환을 가지고 있다고도 한다. 그러니 몸으로 하는 것 잘한다거나 돈 잘 번다고, 나아가 시험 좀 잘 보았다고 천재라고 부르는 짓은 그만하면 좋겠다. 진짜 천재가 어디 돈을 좋거나 이름, 권력을 탐하겠는가.

사실 사회가 발전하기 위해서는 천재보다 더 중요한 사람이 '인재'다.

- 인재(人材) : 어떤 일을 할 수 있는 학식이나 능력을 갖춘 사람.

  예) 인재 양성. / 인재를 발굴하다.

'인재(人材, 사람 인, 재목 재)'는 '쓸모 있는 재목감인 사람'을 뜻한다. 물론 '인재(人才, 사람 인, 재능 재)'라는 표현도 있다.

- 인재(人才) : 재주가 아주 뛰어난 사람.

인재(人材)와 인재(人才)는 조금 다르다. 인재(人材)는 노력으로 양성할 수 있는 반면, 인재(人才)는 타고난 재능을 가진 사람이다.
한편 천재와 인재가 늘 좋은 뜻으로만 쓰이는 건 아니다. '천재'와 '인재'의 한자가 바뀌면 뜻도 변하기 때문이다.

- 천재(天災) : 풍수해, 지진, 가뭄 따위와 같이 자연의 변화로 일어나는 재앙.
- 인재(人災) : 사람에 의하여서 일어나는 재난을 천재에 상대하여 이르는 말.

'천재(天災, 하늘 천, 재앙 재)'는 하늘이 내린 재앙이고, '인재(人災, 사람 인, 재앙 재)'는 사람 탓으로 생긴 재앙이다.

"전 지구를 휩쓴 COVID-19는 천재가 아니라 인재다."
"한 시간에 100mm가 넘게 내렸다고 모든 곳이 물바다가 되는 건 아니다. 따라서 이번 수해는 천재가 아니라 인재가 분명하다."

이런 표현을 자주 접하는데, 이때 쓰는 천재와 인재는 각각 '천재(天災)', '인재(人災)'다.

천재(天才)와 천재(天災), 인재(人材)와 인재(人災) 같은 단어들은 실제로 자주 쓰는 표현이다. 적어도 이 정도 한자는 알아 두는 것이 언어생활을 해 나가는 데 도움이 될 듯하다.

바삐, 데바삐, 애바삐

77

우리말에 특히 수식어, 즉 형용사나 부사가 발달한 것은 널리 알려져 있다. 이유는 잘 모르겠지만 그렇다.

감정이 풍부한 민족이라서 그럴지도 모르고, 산과 평야, 바다가 적절히 어우러진 지형 덕분에 다양한 문화, 먹을거리, 사계절의 변화무쌍한 기후를 표현하다 보니 그럴지도 모른다. 아니, 반도에 위치하면서 대륙의 문화와 성질, 북방 유목민의 문화, 그리고 바다 건너 섬나라의 온갖 문화까지 수용하는 과정에서 이질적이고 새로운 성격을 표현하기 위해서였을지도 모른다. 이유가 무엇이건 풍부한 형용사와 부사를 갖게 된 것은 우리말의 축복이다.

그런데 날이 갈수록 다양한 수식어가 사라지고 있다. 그 대신 한두 가지 표현만을 쓰는 게 대세다. 이를 언어생활의 민주화라고 긍정적으로 보아야 할지, 우리말의 다양성보다 편의성만을 내세우는 부정적인 현상으로 보아야 할지는 독자 여러분이 판단하기 바란다.

"시간이 늦었어. 빨리빨리 해."
"학교에 빨리 안 가니? 늦었는데."

일반적으로 사용하는 말이다.

"시간이 늦었어. 서두르자."

"학교에 서둘러 가야 해. 늦었거든."

이 말을 듣고 낯설다고 여기는 사람은 거의 없다. 그런데 실생활에서 '서두르다'라는 표현을 쓰는 사람 또한 많지 않다. 모두 '빨리'라는 말로 그 상황을 대신한다.

"우리는 바삐 움직였다."

이런 말도 거의 쓰지 않는다. 그 대신 이렇게 말한다.

"우리는 빨리빨리 움직였다."

이러면서 우리말 표현이 하나씩 둘씩 사라진다. 아, 요즘은 '사라진다'는 표현도 잘 쓰지 않는다. 그 대신 기자건 작가건 '없어진다'를 많이 쓴다. 그러니 '바삐'라는 부사가 '없어지기' 전에 살려야 하지 않을까.

● 바삐 :
 ① 일이 많거나 또는 서둘러서 하여야 할 일로 인하여 겨를이 없이.
 예) 바삐 일손을 놀리다.
 ② 몹시 급하게.
 예) 바삐 움직이다.

'바삐'는 서두르는 모습을 나타내는 부사다.

그런데 이 부사는 다른 명사 또는 접두어와 함께하면서 다양한 뜻으로 확장하기도 한다. 이런 표현을 살펴보는 것은 우리말 공부에 따라오는 큰 즐거움 가운데 하나다.

- 하루바삐 : 하루라도 빨리. ≒하루빨리.
- 한시바삐 : 조금이라도 빨리.

위 두 표현은 붙여 쓴다. 따라서 독립적인 단어이다.
다음 표현들 역시 독립적인 단어인데, 형태가 '접두어+바삐'다.

- 데바삐 : 몹시 바쁘게.
- 데- : '몹시', '매우'의 뜻을 더하는 접두사.
  예) 데거칠다. / 데바쁘다.

- 드바삐 : 몹시 바쁘게.
- 드- : '심하게' 또는 '높이'의 뜻을 더하는 접두사.
  예) 드날리다. / 드넓다. / 드높다.

- 애바삐 : 시각을 다툴 만큼 몹시 절박하고 급하게. =시급히.
- 애 : 초조한 마음속.

'애바삐'는 명사 '애'에 부사 '바삐'가 붙은 표현이다. '애타다'(몹시 답답하거나 안타까워 속이 끓는 듯하다), '애끓다'(몹시 답답하거나 안타까워 속이 끓는 듯하다), '애달프다'(마음이 안타깝거나 쓰라리다)와 같은 방식으로 나온 표현이다.

21	국립해양박물관
22	《훈몽자회(訓蒙字會)》(1613), 서울대학교 규장각한국학연구원
80	Wikimedia Commons ⓒ NASA/JPL–Caltech
89	《각선도본(各船圖本)》, 서울대학교 규장각한국학연구원
94	국립민속박물관
95	국립고궁박물관
96~97	국립민속박물관
152	Wikimedia Commons ⓒ Mike like0708
184	국립민속박물관
211	Wikimedia Commons ⓒ EMLACH
247	문화재청
269	Wikimedia Commons ⓒ GFDL
276	국립민속박물관
291	국립민속박물관
302~303	이익섭·전광현·이광호·이병근·최명옥, 《한국 언어 지도》, 태학사, 2008.